MÉMOIRES

DU

CERCLE DES PHILADELPHES.

TOME PREMIER.

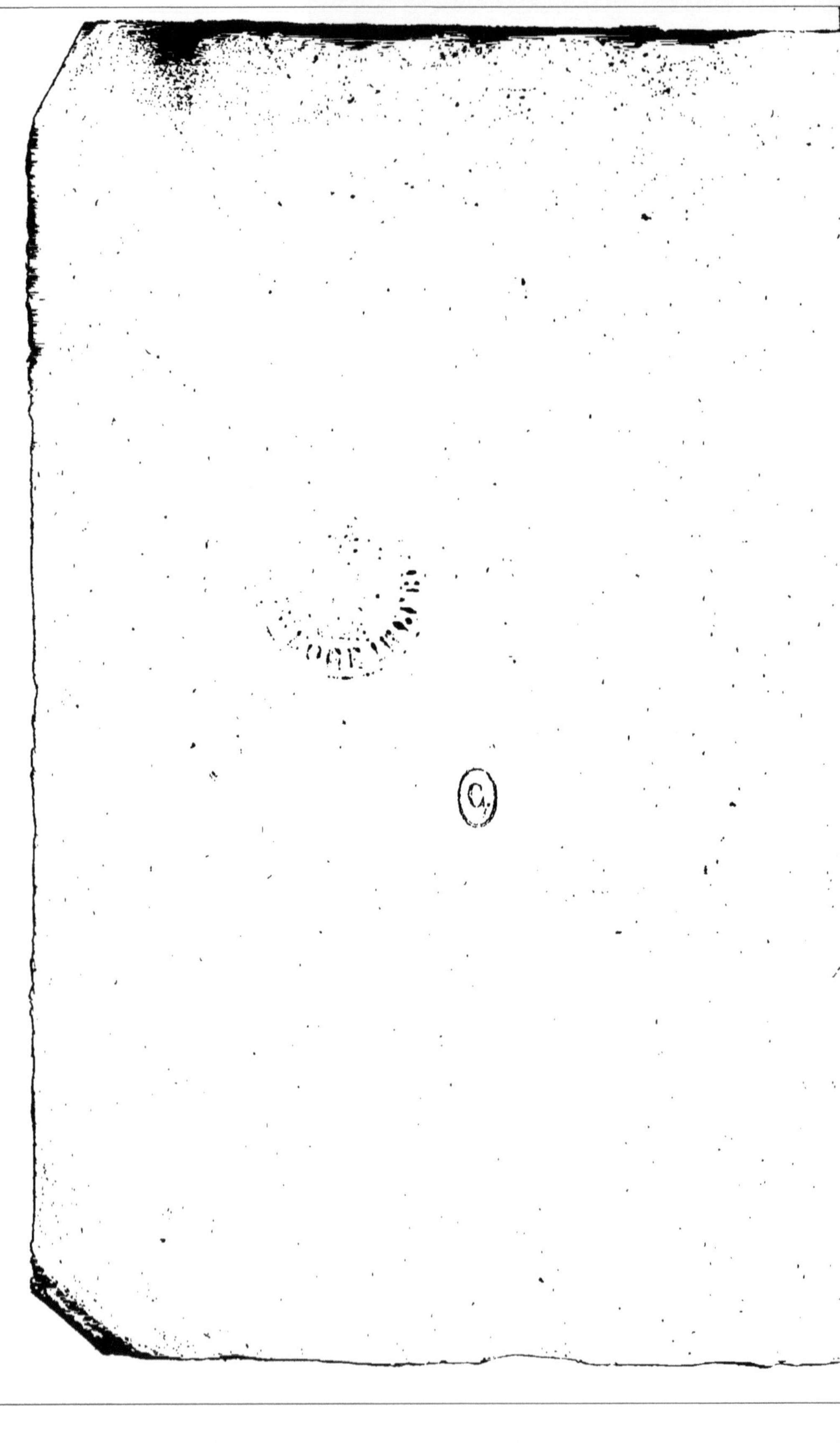

MÉMOIRES

DU

CERCLE DES PHILADELPHES.

TOME PREMIER.

AU PORT-AU-PRINCE,

de l'Imprimerie de MOZARD,
Associé du Cercle des Philadelphes & Rédacteur de la Gazette de Saint-Domingue.

M. DCC. LXXXVIII.

AVEC APPROBATION ET PERMISSION.

N° 1.

REMARQUES

Sur les Eaux Minérales, par M. Arthaud, Docteur en Médecine, &c. Inspecteur des Eaux Minérales de Boynes.

L'EAU qui filtre dans l'intérieur de la terre sur des matières minérales de toute espèce, se charge de plusieurs principes qui, en se combinant, altèrent sa couleur, son goût, son odeur & lui donnent des qualités particulières qui la font désigner sous le nom d'*Eau Minérale*.

Il y a des Eaux Minérales qui sont chaudes à différens degrés elles sont connues sous le nom d'Eaux Thermales; on n'a que des conjectures probables sur la cause de cette chaleur.

Il y a des Eaux Minérales froides, & l'on ne connoît pas bien la cause de ce phénomène (a). M. Dazile cite une source du quartier du Port-à-Piment, sur l'habitation Hatret, dont les eaux sont chaudes le matin & très-fraîches à midi (b).

Il y a des Eaux Minérales qui ont la même température que celles du lieu où elles se trouvent. Nous n'en connoissons pas encore de cette espèce dans la Colonie; on n'y a pas encore observé d'Eaux Minérales acidulées, qui sont celles dont les

(a) *V. Baumé, Chim. & rais. T. III. p. 448 & 489.*

(b) *Maladies des climats chauds. p. 91.*

acides ne sont pas parfaitement saturés. On n'y connoît pas non plus d'Eaux Minérales spiritueuses, dont la qualité piquante est produite par un air surabondant, qui est mêlé intimément avec l'eau.

On a trouvé dans la Colonie plusieurs sources d'Eaux Minérales ; la nature de ces Eaux paroît à peu près la même ; elles ont toutes la même limpidité, la même odeur hépatique ; elles sont toutes savonneuses au toucher ; elles se comportent toutes de même par le réfroidissement, elles fournissent toutes les mêmes principes, & elles ont à peu près les mêmes propriétés.

On a cru que les Eaux de Banic & de Boynes contenoient une huile de pétrole ; cependant M. Bergman dit n'avoir jamais trouvé de traces certaines de cette huile dans les Eaux Minérales ; mais peut-être que les Eaux de Banic & de Boynes sont une exception & que leur nature est différente de celles des Eaux que M. Bergman a observées.

Il est aussi intéressant pour l'Histoire Naturelle que pour la Médecine de rechercher les Eaux Minérales de la Colonie. On doit être bien jaloux de perfectionner l'histoire du globe & de recueillir les connoissances qui peuvent servir à diminuer les maladies qui nous affligent & dont le nombre & l'activité paroîssent augmenter dans ces climats.

Cependant nous ne croyons pas que la bonté des Eaux Minérales de la Colonie, la pureté de l'air des lieux où elles se trouvent puissent détourner, dans tous les cas, les Colons d'aller dans des pays éloignés rétablir leur santé, & qu'ils puissent la recouvrer plus facilement & en peu de temps dans l'isle même sans abandonner leurs affaires ni préjudicier à leurs intérêts, & il nous semble que cette opinion a été proposée sans examen, par ceux qui ont écrit sur les propriétés des Eaux Minérales de la Colonie.

On dit qu'il est facile de se procurer de la belle viande dans les lieux où sont les Eaux Minérales, que l'on y trouve facilement plusieurs espèces de gibier, que l'air y est pur & autant sec qu'il peut l'être dans la Colonie & au milieu d'un bois (c).

Nous admettons que les Eaux Minérales de la Colonie peuvent être employées avec succès dans plusieurs maladies, mais suffit-il pour régler le régime des malades d'avoir de la viande & du gibier, & n'a-t-on pas besoin d'autres secours pour pouvoir le varier suivant les circonstances? Il ne faut pas se faire illusion, & croire que l'on puisse trouver dans aucun lieu de la Colonie les avantages & les ressources que le changement de climat présente à ceux dont la constitution est altérée jusqu'à un certain point, & qui ont besoin pour se rétablir d'animer leur tempérament

---

(c) *M. Gauget, Négociant au Cap, affecté de rhumatisme & d'une paralysie incomplète, à la suite d'une attaque apoplectique, fut à Banic en 1785 pour prendre les eaux, il écrivoit le 22 Décembre. « On nous avoit annoncé une grande abondance de » vivres, soit en bonne viande de bœuf, veau, mouton, eh bien; » nous n'en avons pas encore vu de l'espèce; le gibier est » aussi fort rare. On apporte quelques pintades & des ramiers; » mais on nous fait espérer que lorsqu'on sera instruit de notre » arrivée, nous ne manquerons de rien: nous avons toutes les » peines du monde à nourir les domestiques, & il s'en faut de » beaucoup qu'ils ayent leur simple nécessaire ».*

presque éteint, en respirant un air énergique & en prenant des alimens variés & remplis de sucs réparateurs. D'ailleurs, s'il est vrai que quelques particuliers riches puissent se procurer, par l'usage des Eaux Minérales, tous les moyens de varier leur régime & tous les secours dont ils ont besoin, il est vrai aussi que ces avantages ne sont pas à la portée du plus grand nombre des malades & que les Soldats & même les Officiers ne peuvent en jouir.

Il faut encore convenir que les Eaux Minérales de la Colonie ne peuvent remplacer toutes les espèces d'Eaux Minérales que l'on trouve en France ; il y aura donc toujours beaucoup de cas où il conviendra d'envoyer les malades en Europe, & quoique ce parti soit coûteux pour les Troupes du Roi, il convient également aux intérêts de son service & à ceux de l'Humanité, & il est fâcheux qu'on ne sache pas le prendre à temps, dans les cachexies bilieuses & séreuses, accompagnées d'obstructions, de diarrhées, à la suite des maladies aigues, &c. parce que l'on sauveroit beaucoup de malades qui périssent. Nous croyons même qu'en examinant l'entretien de ces maladies, tant dans les Régimens que dans les Hôpitaux, quelquefois pendant des années entières, on pourroit trouver de l'économie à les renvoyer en France, où leur retablissement seroit plus sûr & plus prompt.

Il paroît, d'après ce que nous venons de dire, que les Officiers de santé des principales villes de la Colonie peuvent être excusés de n'avoir pas conseillé l'usage des Eaux Minérales dans tous les cas où elles auroient pu convenir. Ils connoissoient sans doute les propriétés des Eaux, mais ils savoient aussi que leur utilité étoit souvent contrariée par le mauvais régime ; & M. Dazile qui paroît les blamer dans un endroit de son ouvrage sur les maladies des pays chauds (d), ne s'est pas apperçu qu'il les justifioit lui-même, en disant dans un autre endroit (e) que l'on ne peut espérer aucun avantage des Eaux Minérales, tant qu'elles ne seront pas administrées différemment & lorsqu'on ne fournira pas aux Troupes du Roi les objets de première nécessité, d'une meilleure qualité.

Quand un long usage, dit M. Bergman (f) a constaté l'éfficacité d'une Eau & que l'on sait ce qu'elle contient, on peut dévancer l'expérience de plusieurs années & juger des propriétés des autres Eaux, dont l'analyse présente les mêmes principes.

Nous convenons avec M. de Fourcroi (g) que l'on ne sauroit contester au Chimiste le droit de soupçonner les propriétés des Eaux Minérales, à l'aide des connoissances qu'il acquiert sur leur composition, mais nous croyons qu'il faut se méfier de cette méthode suspecte, parce que l'analyse des Eaux Minérales ne suffit pas pour en faire connoître entièrement la nature, car, comme le dit M. Macquer (h) les opérations chimiques aux quelles on est obligé d'avoir recours pour analyser les Eaux Minérales, sont quelque fois capables d'occasionner des changemens essentiels dans les substances mêmes que l'on cherche à reconnoître.

Il est aussi dangereux d'avoir trop de confiance à une tradition vulgaire sur les propriétés des Eaux Minérales. La voix publique, trop souvent inspirée par les passions, doit être suspecte aux

---

(d) *V. page 88.*

(e) *Ib. p. 109.*

(f) *Dissert. II. de l'Analyse des Eaux.*

(g) *V. Mém. de Chimie, p. 265.*

(h) *Dict. de Chim. T. I. p. 365.*

Philosophes. C'est à l'expérience à déterminer l'efficacité des Eaux Minérales, cette voie, l'analyse, a ses difficultés & ses inconvéniens, mais employée par des hommes attentifs & judicieux, elle donnera des résultats satisfaisans.

Les Eaux Minérales de la Colonie seroient mieux connues & auroient plus de réputation, si l'on avoit joint à une analyse exacte, l'exposé véridique des cas dans lesquels elles ont fait du bien, ceux dans lesquels elles n'ont pas réussi & ceux dans lesquels elles ont fait du mal (i).

La connoissance des effets des Eaux minérales, suivant M. Carrere, ne peut s'acquérir que par l'observation. C'est peut-être la partie la plus essentielle & qui n'a pas été moins négligée que celle de l'analyse, nous manquons à cet égard d'observations suivies, constantes, variées, graduées suivant les circonstances. La plupart de celles que nous avons, ne présentent pas la variété des nuances qui pourroient nous servir à établir un point fixe, elles manquent par les détails qui, quoique souvent munitieux, n'en sont pas moins importans; elles sont même marquées quelquefois au coin d'une prévention qui détruit la confiance.

Le désordre qui règne dans cette partie importante est réel, & nos connoissances sur les Eaux Minérales, sont bien éloignées du dégré de perfection qui peut les rendre utiles. Nous ne devons espérer d'en acquerir de plus exactes qu'autant que des personnes munies des lumières nécessaires, se chargeront de rectifier par des expériences nombreuses & bien faites, ce qu'il y a de défectueux

---

(i) *Arrêt du Conseil d'État du Roi, concernant l'examen & la distribution des Eaux Minérales du Royaume, du 5 Mai 1781, art. VII.*

dans les premiers examens. Cela ne suffira pas même, si des Praticiens sages, éclairés & en état d'observer, ne constatent par des observations bien faites, les différentes nuances de l'action & des effets de ces Eaux dans les différens cas, les différentes maladies & les différens tempéramens (k).

Nous nous rendrons, comme l'on voit, un peu difficiles pour établir notre jugement sur les propriétés des Eaux Minérales; cela est vrai, mais ne vaut-il pas mieux marcher lentement & attendre que la nature nous fournisse des connoissances positives, que d'adopter des ouïs - dire & de nous égarer sur des conjectures dans une route où le hasard a procuré quelques succès & où chaque Observateur a eu soin de cacher ses défaites?

M. de Fourcroi avoue que l'histoire des Eaux Minérales n'offre que des progrès lents, en comparaison de la marche rapide de la Chimie depuis plusieurs années, & que l'analyse des Eaux Minérales est encore loin de ce degré de précision auquel on conçoit qu'elle pourra un jour parvenir.

Si l'on est étonné en examinant les essais d'analyse qui ont été tentés dans la Colonie, d'y trouver des imperfections, on doit l'être encore d'avantage en considérant, avec M. Macquer, que ces sortes d'analyses sont peut-être ce qu'il y a de plus difficile & de plus ingrat dans la Chimie; qu'il y ait eu des hommes assez instruits & assez courageux pour exécuter ce qu'ils ont fait, dans un pays où le travail a si peu d'attraits, où l'application est si pénible, où les voyages sont si dangereux &

(k) *V. Catal. des Ouv. Pub. sur les Eaux Minérales de la France*, p. 2. & 3.

sur-tout étant dépourvu des secours de Chimie les plus nécessaires pour ces sortes d'opérations.

Si l'on doit avoir des obligations aux personnes qui, les premières, ont examiné les Eaux Minérales de la Colonie, on n'en auroit pas moins à celles qui voudroient répéter ces analyses en se conformant aux procédés qui ont été indiqués, d'après les nouveaux progrès & les découvertes nouvelles de la Chimie, par MM. Baumé, Macquer, Bergman, de Morveau & Fourcroi. Ce n'est pas que l'on ne rende justice à l'exactitude de plusieurs expériences, mais il est possible que dans un pays où les secousses de la terre sont fréquentes, où les principes subissent sans cesse dans l'atélier de la nature, sous l'action perpétuelle des feux subterranés, des combinaisons nouvelles, la nature des Eaux ait changé, ainsi que leurs propriétés; & en obtenant des produits différens de ceux qui ont été reconnus, cela ne prouveroit peut-être pas, ni plus d'habilité, ni plus d'exactitude, mais seulement que les Eaux ne sont plus les mêmes.

Les variations de l'atmosphère, dit M. Macquer, les changemens qui peuvent arriver dans l'intérieur de la terre, la jonction occulte d'une nouvelle source d'Eau Minérale, ou d'eau pure, enfin l'épuisement des Minéraux dont l'eau tire ses principes, sont autant de causes qui dénaturent de temps en temps les Eaux Minérales, & l'on ne doit pas s'étonner, d'après ces considérations qui sont justes, des différences qu'on ne trouve que trop fréquemment dans les résultats des analyses qu'ont fait successivement des mêmes Eaux, des Chimistes dont on ne peut soupçonner ni la capacité, ni l'exactitude (1). Aussi M. Baumé dit qu'il

(1) *Dict. de Chimie, T. I, Eaux Min. P. 365.*

convient de répéter de temps en temps l'analyse des Eaux Minérales, pour connoître les changemens qui peuvent leur arriver (m).

C'est d'après ces principes que le Cercle des Philadelphes s'est proposé d'examiner les Eaux Minérales de la Colonie & qu'il a invité ses Correspondans à s'occuper de cet objet.

Le Cercle doit des éloges à feu M. Lefebvre Deshayes, son Associé, qui a mérité sa reconnoissance à beaucoup de titres, & qui s'est occupé de l'analyse des Eaux de la Grande-Anse, avec un succès qui l'a fait couronner par la Société Royale de Médecine, à qui il avoit remis son mémoire avant de le communiquer au Cercle. M. Gauché, qui a répété avec soin l'analise des Eaux de Boynes, dans le quartier du Port-à-Piment, a rendu son travail d'autant plus intéressant qu'il y a joint des observations d'Histoire Naturelle & de Minéralogie, que l'on ne devroit jamais négliger lorsqu'on décrit les Eaux Minérales, car c'est la base qui donne les premières inductions sur leur nature & sur les principes qu'elles contiennent. On ne doit pas, dit M. Bergman, négliger aussi les considérations prises des lieux, telles que la situation, tant par rapport à la Géographie naturelle, qu'à la Géographie politique, le caractère & l'élévation du sol dans les environs, il faut observer la quantité d'eau, si elle est constante toute l'année, si elle varie suivant les sécheresses & les pluies, si elle est stagnante, si son cours est lent ou rapide, combien elle fournit de pintes par heure, combien il y a de sources, &c. (n).

(m) *Chim. Exp. & Rais. T. III. Page 794.*

(n) *Dissert. II, de l'analyse des Eaux.*

Le Cercle a cru devoir faire un extrait d'un Mémoire qui lui a été remis par M. Lubri, ancien Chirurgien-Major, Inspecteur des Eaux de Boynes, parce qu'il a trouvé dans cet Ouvrage des vues & des observations qui peuvent être utiles. On a également extrait quelques observations d'un Journal de M. Lamarque, Chirurgien-Major & Entrepreneur des mêmes Eaux.

La difficulté de procurer des subsistances convenables aux malades dans un quartier éloigné, mal peuplé & qui n'offre presque aucune ressource à l'industrie, les dépenses pour l'entretien des bâtimens, celle des Troupes, les inconvéniens d'entretenir un détachement pour contenir les Soldats malades & maintenir une police nécessaire à l'administration des Eaux; les chocs d'intérêt, de prétention, qui donnoient lieu journellement à des plaintes fatigantes pour l'Administration; la difficulté d'attacher chaque employé à une règle fixe, prescrite à chacun par ses devoirs particuliers & l'amour de l'ordre; l'impossibilité d'appeller dans un desert des hommes à talens & faits pour diriger convenablement l'administration des Eaux Minérales & donner aux malades des secours & des soins intelligens: toutes ces causes réunies, faites pour contrarier les avantages de l'établissement des Eaux de Boynes & pour détruire le bien qui devroit résulter des dépenses les plus généreuses & les mieux vues, avoient lassé le zèle & la constance de l'Administration, & l'on paroissoit ne plus s'occuper de l'établissement des Eaux de Boynes, lorsque MM. de la Luzerne & de Marbois ont pensé qu'il suffiroit pour lui donner l'utilité dont il pourroit être susceptible, de changer le régime de l'administration. C'est d'après ce principe qu'ils ont accordé à M. Gaudé, à titre d'Administrateur des

Eaux Minérales, la concession en jouissance, de tous les bâtimens qui y ont été faits au compte du Roi, en lui passant un marché, dont tous les articles, redigés par M. Jauvin, Ordonnateur au Cap & approuvés par MM. de la Luzerne & de Marbois, tendent à lier les intérêts du Public à ceux de M. Gauché, de manière à les rendre indivis & à assurer aux Troupes du Roi & aux Habitans les secours dont ils ont besoin pendant l'usage des Eaux.

MM. Les Administrateurs des Isles de la Martinique & de Sainte-Lucie, qui ont honoré le Cercle par leur association, lui ont envoyé une analyse des Eaux Minérales de la Martinique & de Sainte-Lucie, qui a été faite par les Ordres du Roi, par MM. Roux, Lestrade, Médecins du Roi & Gabrie, Chimiste. M. Ducatel a été chargé de faire l'extrait de ce travail pour être inséré dans ce recueil.

Comme il arrive fréquemment que des Habitans des Colonies passent dans le Continent de l'Amérique pour retablir leur santé, le Cercle a pensé qu'il devoit publier un extrait d'une Dissertation qui lui a été envoyée par M. Rush, sur les propriétés de l'eau Minérale d'Harrogate, près de Philadelphie.

N° 2.

EXTRAIT

D'un Mémoire de M. Poupée Desportes, sur une source d'Eau chaude trouvée dans l'Isle de Saint-Domingue, au quartier de Mirebalais (a).

EN 1737, il y avoit dans le quartier de Mirebalais, sur les confins de celui de l'Artibonite, une source d'Eau chaude qui avoit depuis quelques années beaucoup de réputation.

M. de Larnage, Gouverneur-Général à Saint-Domingue; désirant procurer à la Colonie les avantages qu'elle espéroit retirer de ces Eaux, forma le dessein de les établir, si elles pouvoient réellement être aussi utiles qu'on s'y attendoit, & que d'ailleurs il y eût possibilité à lever les inconvéniens de leur cessation quelque fois plusieurs années de suite, mais toujours pendant neuf à dix mois de l'année, ainsi qu'à remédier à la mauvaise disposition du lieu. M. Poupée Desportes, Médecin du Roi au Cap, fut chargé d'examiner ces Eaux & de dresser un Mémoire de leur analyse & de leurs propriétés:

Les Eaux dont il s'agit se trouvoient dans une ravine fort escarpée, à l'entrée de laquelle passe la grande rivière de l'Artibonite;

(a) *Hist. des Mal. de Saint-Domingue. T. III. P. 311.*

elles

elles sortoient de dessous un rocher par différentes fissures, elles avoient une chaleur douce, l'on s'y baignoit avec plaisir, &, bien loin d'être affoibli, on en sortoit avec peine: on n'a pu, faute d'instrumens, déterminer la pésanteur ni le degré de chaleur.

Les essais que M. Desportes a faits, soit par l'évaporation, soit par les réactifs, ont été trop insuffisans pour faire connoître leur nature & les principes qu'elles contenoient, mais il travailloit dans un desert & il n'avoit pas les ingrédiens ni les instrumens nécessaires pour de pareilles opérations.

M. Desportes conclut que cette Eau Minérale contenoit un souffre volatil, qui faisoit sa principale vertu. Elle n'altéroit pas les vaisseaux d'argent, elle exhaloit de la fumée le matin, suivant la plus ou moins grande fraicheur de l'air. Cette vapeur avoit une odeur hépatique, la chaleur de cette Eau n'étoit pas toujours la même, elle n'avoit pas de goût désagréable, les feuilles de plaintain y conservoient long-temps leur fraicheur, & des œufs frais y ont resté quatre à cinq heures sans être altérés. Les animaux buvoient cette eau par préférence; elle excitoit quelquefois le vomissement dans les premiers jours que l'on en faisoit usage; elle purgeoit, mais elle poussoit plus ordinairement par les urines; les bains produisoient des démangeaisons & quelquefois des éruptions considérables; elles convenoient pour toutes les affections des nerfs & les maladies cutanées, qui ne provenoient pas d'un vice vénérien; elles ne convenoient pas aux obstructions ni aux tumeurs squirreuses.

La difficulté de former un établissement dans le lieu où étoient les Sources Minérales, a empêché M. de Larnage de suivre le projet de bienfaisance qu'il avoit formé.

Voulant avoir des instructions sur les Eaux du Mirebalais dont nous n'avions pas entendu parler depuis que nous sommes dans la Colonie, nous avons écrit au R. P. Curé de cette Paroisse, étant persuadés qu'il se feroit un plaisir de nous donner les renseignemens que nous lui demandions. Nous avons reçu la réponse suivante:

LETTRE de M. l'Abbé Sibourd, Vicaire desservant la Paroisse de Mirebalais, à M. Arthaud, en date du 28 Novembre 1787.

Monsieur,

» J'ai reçu l'honneur de la vôtre, & j'y aurois répondu de suite, si je n'avois voulu m'instruire autant qu'il étoit possible au sujet des Eaux Minérales chaudes, qui étoient dans le Quartier du Mirebalais. Voici les éclaircissemens que j'ai pu me procurer.

» Elles étoient à quatre lieues & demie du bourg, mais plus bas sur la rive droite de l'Artibonite, près de l'habitation Becbéder. En 1750 & en 1751, elles étoient très-fréquentées, on y a vu jusqu'à deux & trois cents personnes qui en faisoient usage pour les maladies cutanées & elles s'en trouvoient fort bien; elles ont disparu en 1752, par un tremblement de terre, arrivé au mois d'Octobre; elles ont reparu en 1760, mais en moindre quantité, & le tremblement de terre de 1770 les a fait disparoître totalement, & on ne les a plus vu reparoître depuis cette époque. La ravine escarpée d'où elles sortoient a été fendue en deux parties par le tremblement de terre de 1770, & il ne reste à la place des Eaux qu'une grotte souterraine d'une profondeur admirable, on a voulu tenter de pénétrer jusqu'au fond avec des flambeaux allumés, mais jamais on n'a pu réussir. Les chauves-souris qui habitent en quantité prodigieuse cette grotte, éteignent les flambeaux des curieux ; on m'a assuré que l'habitation Becbéder, voisine de la grotte, est quelque fois couverte des chauves-souris, dans certaines saisons.

» Voilà, Monsieur, le résultat de mes recherches au sujet de Eaux ; je souhaiterois avoir pu vous donner des éclaircissemens plus satisfaisans, mais je n'ai pu me procurer rien de mieux en consultant les anciens Habitans du Quartier, &c.

» Pline, le Naturaliste, rapporte que les tremblemens de terre engloutissent quelque fois les fontaines & rivières, & quelque fois en font sourdre de nouvelles, ce qui est advenu par cinq fois le long du fleuve Pheneus qui passe par la région d'Arcadie (a)».

(a) *Hist. Naturelle de C. Plin. L. XXXI. C. V. Trad. d'Antoine Dupinet.*

N° 3.

EXTRAIT

D'un Mémoire sur les Eaux Minérales de Banic, dans la partie Espagnole de Saint-Domingue.

EN 1780, M. Lalanne, Médecin au Cap, a fait une analyse des Eaux de Banic, qui a été insérée par extrait dans le Journal de Saint-Domingue, du mois de Février mil sept cent soixante-six.

A deux lieues d'une Bourgade Espagnole qu'on nomme *Banica* (a) & environ à vingt-cinq de la mer, dans les doubles montagnes, sur le penchant d'une colline, au milieu d'un bois,

---

(a) « *Vous n'avez pas d'idée*, écrivoit *M. Gauga à M. P*, » *le 3 Février 1786, de la Bourgade que nous habitons*, » *je ne crois pas qu'il y en ait, dans toute la partie Espagnole*, » *une autre aussi pauvre que celle-ci, elle est composée d'environ* » *une vingtaine de cases, dont une partie est inhabitée & inhabitable;* » *il n'y a que quatre familles* ».

se trouvent quatre sources d'Eaux Thermales fort renommées. Ces quatre sources voisines les unes des autres ont leur cours dans les cavernes & les grottes des environs. La première est appellée le grand bain, la seconde le petit bain (b), la troisième le bain des bois & la quatrième le bain de la cantine.

L'air est si tempéré à banic que le thermomètre de Réaumur n'a haussé le matin à six heures, que de quatorze à quinze degrés, à midi & deux heures de vingt-deux & vingt-trois degrès, à quatre & cinq heures du soir de dix-sept & dix-huit degrès, tandis qu'au Cap, dans le même temps, l'élévation du thermomètre étoit de 22 & 23 degrés le matin, de 23 & 24 à midi, & de 22 & 23 le soir.

Les sources diffèrent beaucoup par leur chaleur. Celle du grand bain a fait monter le thermomètre de 17 degrés, c'est-à-dire, qu'il s'est élevé à quarante. La source du petit bain n'a donné que 13 degrés de chaleur au dessus de la température de l'atmosphère; celle du bain des bois n'en n'a donné que dix & celle de la cantine en a donné onze.

On a ramassé du souffre dans ces Eaux : le bitume & l'huile de pétrole les surnagent; on trouve des fleurs de soufre sublimé aux parois des bains, principalement de ceux qui sont couverts. Mais ce souffre n'est pas du soufre vulgaire, car il ne s'en précipite pas par aucun acide, & la terre des Eaux Minérales n'a donné aucune flamme bleuâtre ni aucune

---

(b) *Le petit bain n'existoit plus en 1786, suivant le rapport de M. Gauger,*

odeur sulfureuse. Le savon se dissout dans l'eau minérale ; comme dans l'eau de fontaine la plus pure. La noix de galle n'y décéle pas de fer. L'esprit volatil de sel ammoniac, de corne de cerf, l'huile de tartre par défaillance, ont donné à l'Eau Minérale une couleur laiteuse & il s'est fait un précipité blanc. Le sublimé corrosif a donné à l'Eau Minérale une couleur citronée, elle est devenue ensuite d'un blanc laiteux ; il s'est élevé à la surface une huile bleuâtre bitumineuse ; il s'est précipité une matière grisâtre & grasse.

L'Eau Minérale exhale une odeur nidoreuse, ou d'œufs pourris qui se fait sentir au loin. Elle perd insensiblement cette odeur étant éxposée à l'air libre pendant plusieurs heures, & alors elle ne différe presque en rien de l'eau commune. On a obtenu par l'évaporation onze à douze grains par pinte, d'un sel d'une forme cubique, decrépitant au feu.

Cette Eau contient un Esprit Minéral aérien, un esprit volatil urineux, une huile bitumineuse, un sel neutre. Elle est savonneuse, pénétrante, fondante. Elle agite les humeurs & les pousse par différentes voies d'excrétions. Elle donne du ressort & calme les mouvemens spasmodiques des nerfs.

Malgré les heureux succès de ces Eaux, il seroit ridicule de croire qu'elles soient un remède universel, il est des cas à excepter, il en est même où elles sont contraires. La manière dont on les a prises jusqu'aujourd'hui n'a pas peu contribué à leurs mauvais effets, & l'ignorance où l'on est des maladies auxquelles elles sont propres & des précautions préliminaires qu'elles exigent, formera toujours contre elles des préjugés désavantageux.

Ces Eaux ne conviennent pas dans les maladies aigues inflammatoires. Les tempéramens chauds & secs doivent en user avec précaution, les pulmoniques, ceux qui ont des varices, des anévrysmes, les femmes enceintes, les nourrices feront bien de s'en abstenir. Quelques pulmoniques en ont cependant éprouvé quelque soulagement, en les prenant à petite dose. Les hydropiques ne doivent les prendre qu'en bain : il faut user de précautions & de prudence pour les administrer dans le crachement de sang, dans le cas d'hémorragie, dans la fièvre consomptive, dans le scorbut ; elles ne conviennent pas à ceux qui ont la gonorrhée, des embarras dans le canal de l'urètre, des polypes, des pierres dans les voies urinaires. Il faut saigner les pléthoriques avant leur usage.

Elles conviennent dans les longues fièvres intermittentes, dans les fièvres erratiques, suites funestes des fièvres aigues mal terminées, dans les fièvres quartes avec obstructions au foie, à la rate. Les obstructions du mézentère cèdent à leur usage ; elles produisent de bons effets dans les gonorrhées avec relâchement dans les glandes séminales, dans les fleurs blanches, le scorbut, les affections scorbutiques, dans les foiblesses d'estomac, les aigreurs, les rapports, les vents, les nauzées, les glaires, la difficulté de digérer, le défaut d'appetit, la cardialgie, les vomissemens habituels, l'appétit immodéré, la faim canine, l'appétit dépravé, les degoûts, dans les vapeurs, l'affection hypocondriaque, les coliques habituelles, les pâles couleurs, la jaunisse, les longues dyssenteries, plusieurs espèces de diarrhées, les toux opiniâtres ; les goutteux, ceux qui ont des rhumatismes froids, des érésipeles périodiques, éprouveront du soulagement, en buvant les eaux & en les prenant en bain. Elles feront également du bien dans les néphrétiques, dans l'asthme, dans les tubercules ulcérées du poumon, dans les maladies de la peau.

Il convient de ne prendre les bains que plusieurs jours après avoir commencé l'usage des Eaux. On a vu plus d'un exemple de malades qui sont tombés dans les cas les plus fâcheux pou en avoir trop long temps continué l'usage, il faut les prendre le matin ou le soir; ceux du matin sont préférables. On peut y rester un quart-d'heure, une demi-heure & même d'avantage, jusqu'à ce qu'ils procurent une transpiration abondante. Il faut se faire essuyer en sortant, se coucher, se bien couvrir, on ne soutient guère le grand bain que pendant quelques minutes (c). On ne doit le préférer que dans la paralysie, la foiblesse, l'atonie. On doit laisser des intervales entre l'usage des bains & des boissons & y revenir alternativement.

On prend les Eaux le matin à jeun. On peut en prendre neuf gobelets, en trois reprises, en deux heures de temps. On ne doit pas passer cette mesure : il faut commencer par une petite quantité, pendant les premiers jours, pour s'habituer insensiblement à prendre toute la dose. Il faut faire beaucoup d'exercice, s'abstenir de trop dormir; on peut manger à son appétit à dîner, il faut souper légérement : on peut boire du vin trempé avec de l'eau ordinaire à ses repas; on doit s'interdire les fruits, les sémences léguminеuses, les viandes salées & fumées, les ragoûts, les épiceries, les confitures, le vinaigre, le citron; on ne sauroit trop s'imposer la loi d'être sobre, pour attendre de bons effets des Eaux.

(c) *M. Gauget Négociant au Cap, écrivoit en 1786, à M. P. M. au Cap. « Il faut que ces Eaux ayent perdu de leur » chaleur, puisque vous imaginez qu'on ne peut y rester que sept » à huit minutes, comme le disoit M. Lalanne, car j'y ai resté » depuis 35 jusqu'à 55, & je pense qu'on peut y rester d'avantage. »*

Il faut se purger dans le commencement avec la manne fondue dans l'Eau Minérale. On peut y ajouter du sel de Glauber, de Seignette ou d'Epsom ; les Eaux du grand bain sont plus purgatives & ont plus d'activité, celles du petit bain occupent le second rang, celles du bain des bois le troisième & celle du bain de cantine le dernier, la source du bain des bois mérite la préférence:

La saison favorable pour aller à Banic est depuis le mois d'Octobre jusqu'au mois de Mai ; le reste de l'année y est très-orageux & parconséquent mal sain. Il tombe assez souvent une grêle aussi considérable que dans les contrées méridionales de l'Europe.

N° 4.

EXTRAIT

Du procès-verbal de l'Analyse des Eaux Minérales du Port-à-Piment, faite par MM. Poloni, *Médecin,* & Chatard, *Apothicaire du Roi au Cap.*

Cette analyse à été faite en 1772, par les ordres de MM. de Valliere & de Montarcher, Gouverneur-Général & Intendant de Saint-Domingue.

Les sources ne sont pas bien éloignées les unes des autres. elles ont vraisemblablement la même origine ; leur chaleur est de quarante à quarante-deux degrés, au Thermomètre de M. de Réaumur.

Il s'éléve le matin, sur-tout avant le lever du Soleil, une vapeur plus ou moins épaisse, suivant la fraicheur de l'air. Cette vapeur a une légère odeur de foie de soufre. L'eau nouvellement puisée a la même odeur, mais elle se dissipe à l'air libre au bout de dix à douze heures. La saveur de ces eaux est douce, nidoreuse, dégoûtante ; elles sont onctueuses au toucher, elles n'excitent aucune douleur dans les yeux ni sur les blessures. Elles dégraissent assez bien les étoffes de laine : ces Eaux sont limpides. On trouve à leur surface, après leur refroidissement, une légère pellicule qui présente les couleurs de l'Iris: La pésanteur de ces Eaux est d'un demi degré à celle de l'eau commune, & d'un degré & demi à celle de l'eau distillée.

On boit les Eaux minérales avec assez de facilité, quoiqu'on ne puisse pas y tenir la main au-delà de quelques minutes; elles conservent leur chaleur plus long-temps que l'eau commune; elles bouillent plus difficilement, elles n'altèrent pas la fraîcheur des plantes (a) qu'on y fait tremper. Elles exaltent la couleur de l'or, elles décrassent le cuivre, elles ternissent l'argent qui prend une teinte noirâtre, bleue & violette. Elles retardent la coagulation du lait, elles ne contiennent aucun principe volatil, spiritueux, ni aériforme.

On a employé l'eau distillée pour laver les vaisseaux dont on s'est servi dans l'analyse.

(a) *Le soixantième degré de chaleur fait périr les plantes, mais elles résistent à cinquante & cinquante-cinq degré. V.* Obs. & expér. sur les animalcules, par M. *Spallanzani. T. Ier. P.* 10.

Dans l'Isle de Luçon, il y a une Eau Minérale dont la chaleur est de 69 degrés, & l'on y trouve des plantes & des poissons. Supplém. à l'Hist. Natur: T. XI, P. 203.

Il y a des plantes qui ne perdent pas la faculté de germer au degré 80 & même au degré 90 du Thermomètre de Réaumur. Lettre de M. Bonnet, sur les animalcules.

Il n'est donc pas étonnant que les Eaux de Boynes, dont la chaleur n'est que de 40 à 42 degrés ne flétrissent pas les plantes, & ne les fassent pas périr? Cependant cela ne peut pas être absolu, parce que les plantes diffèrent entr'elles autant par leur constitution que par leurs caractères apparens.

RÉACTIFS.

L'Eau Minérale verdit le sirop de violette. Si l'on y mêle de l'esprit de vin, elle dépose au bout de quelques jours une terre calcaire très - atténuée, la poudre de noix de galle, la teinture de Balauste & de thé, l'alkali fixe très - phlogistiqué, n'ont pas indiqué la présence du fer ; les acides minéraux produisent dans l'Eau Minérale une légère effervescence, pendant laquelle il se dégage une quantité d'air assez considérable & une odeur sulfureuse plus développée. Il n'y a eu aucun dépôt, le vinaigre distillé à produit le même effet, ainsi que l'alun, qui a dégagé une terre blanche qui s'est appliquée aux parois du verre. Une solution de sel de saturne mêlée à l'Eau Minérale, a produit un précipité blanc, qui a acquis insensiblement une couleur noirâtre. L'huile de tartre a produit un précipité blanc, effervescent avec les acides. L'alkali minéral & l'alkali volatil ont présenté le même phénomène ; la solution de sublimé n'a produit qu'un nuage blanc qui s'est attaché aux parois du verre ; une solution d'argent de coupelle par l'acide nitreux, a blanchi l'Eau Minérale ; il s'est formé un précipité violet qui a donné par la fusion une lune cornée très - transparente ; ce précipité mêlé avec l'éthiops minéral, poussé au feu de sable, à donné du sublimé corrosif.

L'évaporation de l'Eau Minérale qui avoit servi à faire le précipité d'argent, à donné une matière saline, couleur de fleur de souffre, brillante, aiguilée, déliquescente, qui étoit un nitre quadrangulaire, à base terreuse, très-chargé de souffre ; ces procédés indiquent la présence du sel marin à base d'alkali minéral & à base terreuse.

La solution mercurielle nitreuse a produit un précipité d'un jaune-blanc, qui étant lavé dans l'eau bouillante distillée, a acquis une couleur jaune, très-haute. L'évaporation de cette lotion a donné du turbith minéral cristalisé en petites aiguilles; l'alkali fixe, versé dans cette lotion, a décomposé & précipité la base du turbith minéral, & l'évaporation a produit des cristaux de tartre vitriolé; une partie du précipité jaune, mêlée avec du sel marin décrepité, mise dans une cornue de verre, au feu de sable, a donné du mercure doux & une matière grasse, qui, jettée sur le feu, a donné une odeur de souffre en s'enflammant. La masse restante, dissoute dans l'eau distillée, filtrée & évaporée, à donné du sel de Glauber ou d'Epsom.

L'alkali volatil n'a donné aucune indice de cuivre. L'Eau Minérale décompose la dissolution du vitriol de Mars & du vitriol de cuivre, ce qui confirme l'existence d'une base alkaline.

Ces expériences prouvent que l'Eau Minérale contient une portion de terre calcaire, une autre d'alkali minéral, qu'elle n'est pas martiale, qu'elle tient en dissolution un sel neutre vitriolique, du sel marin à base d'alkali minéral & à base terreuse, que le souffre s'y trouve combiné par l'alkali minéral, la terre calcaire, sous la forme d'un foie de soufre salin ou salino-terreux.

On a fait évaporer deux cents bouteilles d'Eau, il s'est élevé une pellicule blanche, insipide, brillante, qui craquoit sous la la dent & qui, après avoir acquis une certaine épaisseur, se brisoit & se précipitoit au fond du vase, sans troubler la limpidité de l'Eau, mais ayant alors un petit goût salé; il s'est dégagé pendant l'évaporation une odeur minérale sulphureuse. L'Eau concentrée aux deux tiers, a contracté un goût lixiviel salé. Les expériences répétées avec les réactifs ont donné les mêmes résultats. L'Eau évaporée jusqu'à faire espérer une cristalisation; mêlée avec une partie égale d'esprit de vin, a fourni, deux jours après, des cristaux de sel d'Epson; l'Eau concentrée, mise à cristaliser n'a fourni qu'un dépôt informe, salé, amer, déliquescent, produit de la précipitation confuse de terre calcaire, de sel d'Epsom, de sel marin à base d'alkali minéral & à base terreuse.

L'acide vitriolique très-concentré versé sur ce dépôt salin, a occasionné une effervescence vive dans laquelle il s'est dégagé de l'acide marin. La cristalisation de ce nouveau mélange étendue dans de l'eau distillée, filtrée & évaporée, a produit du sel de Glauber, cristalisé régulièrement.

L'Eau Minérale concentrée, poussée jusqu'à siccité dans un creuset à feu nud, a laissé un dépôt salin assez considérable, qui a répandu une légère odeur de foie de souffre; calciné jusqu'à blancheur & exposé à l'air, ce dépôt s'est humecté sensiblement. Les acides nitreux & marin n'ont occasionné qu'une vive effervescence sans en dégager aucune vapeur, mais l'acide vitriolique en a dégagé des vapeurs d'acide marin très-sensibles, ce dépôt a décrépité sur le feu comme le sel marin; une lotion de ce dépôt avec l'eau distillée, mise à cristaliser, a donné des cristaux cubiques, qui étoient du vrai sel marin.

Cette dissolution, décantée après la cristallisation, a verdi la teinture de violette. Quelques gouttes d'acide vitriolique, ajoutées à cette même dissolution, ont donné du sel de Glauber.

Il paroît que cette Eau Minérale contient, 1.° du souffre combiné avec l'alkali minéral & une petite quantité sous sa forme propre, 2.° du sel marin à base d'alkali minéral & à base terreuse, 3.° du sel de Glauber, 4.° une terre calcaire très-abondante combinée avec une terre argilleuse, 5.° une portion d'alkali minéral libre. On a mis dix bouteilles d'Eau Minérale dans une cucurbite; on en a tiré quatre bouteilles par la distillation, sans avoir observé rien de remarquable. En découvrant la cucurbite, il s'est exhalé á l'instant une forte odeur de souffre & il surnageoit à la surface de l'eau une pellicule blanche, grasse au toucher & semblable à celle qui s'est formée pendant l'évaporation.

L'acide vitriolique, mêlé à l'Eau distillée, n'y a occasionné aucun changement; elle n'a pas verdi le sirop de violette, elle n'a précipité aucune dissolution de mercure, d'argent, de vitriol de mars, ni de sel de saturne, l'huile de tartre n'y a produit aucun dépôt; le résidu de la distillation a présenté les mêmes phénomènes que l'évaporation.

Une certaine quantité de boue noire, qu'on trouve dans les canaux de conduite, desséchée dans un creuset, mise dans une cornue de verre noir d'Allemagne, soumise à la distillation dans un fourneau de réverbere, a donné, étant rouge, quelques vapeurs blanches d'acide marin. Ayant laissé tomber une goutte d'eau froide sur la cornue, toute rouge, dans l'intention d'en séparer un fragment, afin de permettre l'introduction immédiate du feu sur la matière presque liquéfiée dans la cornue, il s'est fait à l'instant, un sifflement affreux, accompagné d'une espèce de détonnation, & il a passé dans le récipient quelques vapeurs d'acide sulphureux volatil, d'une force incompréhensible.

On a fait bouillir dans un grand vase de terre vernissé une certaine quantité de boue; la lessive faite, elle a présenté, après l'évaporation, les mêmes phénomènes que l'Eau Minérale concentrée.

On est presque toujours étonné de l'efficacité singulière des Eaux Minérales, quand on réfléchit à la petite quantité de principes qu'elles contiennent, mais cet étonnement ne doit plus avoir lieu, si l'on considére que l'Eau, ainsi combinée avec des molécules salines très-atténuées, acquiert un degré de ténuité bien plus considérable, qui la met en état de produire les plus grands effets.

Les Eaux du Port-à-Piment sont un excellent incisif, apéritif, diurétique & diaphorétique. Elles sont utiles comme toniques dans les débilités d'estomac, dans les diarrhées invétérées; elles guérissent les obstructions des viscères du bas ventre, elles dissipent la jaunisse & la cachexie; elles conviennent dans l'hydropisie, dans les maladies de la peau; elles sont efficaces contre les écrouelles, en y associant les frictions mercurielles; elles sont efficaces aussi contre les fleurs blanches, la suppression des règles, les rhumatismes, la paralysie, la pulmonie, l'asthme, &c.

Non seulement on peut boire de ces Eaux, mais on peut les employer en bains, en douches, étuves, lotions & injections; elles humectent & ramolissent les tendons desséchés, & elles rétablissent la force & la chaleur dans les parties affoiblies.

Les Eaux Minérales prises dans le principe, à la dose de trois à quatre livres par jour, sont légèrement purgatives, elles échauffent & portent à la tête les cinq & six premiers jours; elles augmentent prodigieusement la transpiration, certaines personnes d'un tempérament irritable, sont obligées de les couper avec du lait. On boit des Eaux le matin à jeun, à leur degré de chaleur ordinaire, tempérées ou froides, suivant les indications.

La chaleur des Eaux Minérales est si considérable, que les malades ne peuvent guère demeurer dans la source même que

cinq

cinq à six minutes. Cette chaleur ne convient qu'à très peu de personnes ; aussi on ne prescrit les bains pris à la source, que dans le cas de relâchemenr total.

On tempére l'eau de la cuve avec de l'eau refroidie pendant la nuit, & l'on donne au bain une chaleur de 37 ou 39 degrés : on peut rester dans ces bains pendant 10, 12 & 15 minutes.

Peu de temps après que les malades sont dans le bain, la sueur coule sur le visage ; le pouls devient fréquent, élevé, irrégulier ; un mal-aise général annonce qu'il y auroit du risque à le continuer. Au sortir de là, on enveloppe le malade, on le couvre bien dans son lit, & on le laisse suer environ demie-heure ou trois-quarts d'heure ; on le change ensuite, on l'essuye, on allège ses couvertures, on le laisse encore au lit une demi-heure, après quoi, il prend un bouillon & sort de son lit.

Il y a quelques cas particuliers dans lesquels il seroit dangereux de faire usage des Eaux Minérales, comme par exemple l'hémophtysie, l'épaississement de sang, les pertes rouges avec pléthore, la pthysie purulente, la goute chaude, les palpitations du cœur, les vertiges, l'apoplexie sanguine dans le dernier degré ; le scorbut, lorsque la masse des liqueurs a dégénéré dans une dissolution totale.

En examinant la nature du sol que les Eaux traversent avant de parvenir à la surface de la terre, on distingue, 1.° une couche de terre noire, très-mince, très-poreuse & fort impregnée du principe minéral ; 2.° un lit de terre calcaire ; 3.° un lit de terre argilleuse & calcaire. La combinaison de ces deux terres forme une espèce de marne qui, étant extrêmement divisée dans l'Eau Minérale, lui donne au tact une qualité onctueuse & savonneuse. Cette terre combinée avec la partie grasse & sulphureuse de l'Eau Minérale, y forme une espèce de glaire grasse, visqueuse & onctueuse, qui tapisse l'intérieur des canaux de conduite.

Le sol du Port-à-Piment est sec, sablonneux & stérile, il n'y pleut que très-rarement, l'air y est vif, sain & très-chaud, le ciel y est presque toujours serein ; il n'y a jamais de rosée ; les nuits y sont très-fraîches, même dans les plus fortes chaleurs de l'été. On y jouit des brises reglées ; la vue y est très-étendue & très-variée, les besoins de la vie y sont assez abondans, on y trouve du gibier en quantité, du laitage, de la volaille, & des Animaux. On n'y est jamais incommodé par les insectes. La saison la plus favorable pour s'y rendre est depuis le mois de Novembre jusqu'au mois d'Avril.

MM. Polony & Chatard ont conclu très-sagement que leurs recherches sur les Eaux Minérales du Port-à-Piment n'étoient pas aussi approfondies que l'importance de la matière l'exigeoit, & qu'avant de décider plus amplement sur les propriétés de ces Eaux, il valoit mieux attendre de quelque homme sage & éclairé, les observations qu'il sera à même de faire sur les lieux ; l'expérience, quoique toujours lente & difficile, étant le guide le plus sûr dans la marche de nos connoissances.

N° 5.

EXTRAIT

Du Mémoire de M. Lamarque, *ancien Chirurgien-Major & Entrepreneur des Eaux Minérales de Boynes.*

Ce Mémoire à deux parties. La première n'est qu'une répétition du procès-verbal d'analyse de MM. Polony & Chatard. La seconde contient des observations qui, en laissant désirer des détails, présentent cependant quelques instructions qui peuvent être utiles.

PREMIÈRE OBSERVATION.

Le premier Février 1785. Jean B.... de la Compagnie de D.... du Régiment du Port-au-Prince, avoit des obstructions considérables à la ratte, il a pris d'abord un verre d'eau à la source chaque matin ; on a augmenté ensuite la quantité, on y a joint les bains & les douches sur la partie, on a prescrit un régime & quelques purgatifs, & ce Soldat malade depuis cinq mois, a été rétabli en quarante jours.

Nota. Les engorgemens de la ratte qui accompagnent toujours ceux du foie & des vaisseaux mézentériques, peuvent se guérir lorsqu'il n'y a pas d'obstructions dans les vaisseaux limphatiques.

II OBSERVATION.

En Mai. Pierre C..... Matelot, sortant de l'Hôpital du Port-au-Prince, avoit des rhumatismes & de fausses ankyloses aux genoux, aux avants-bras & aux poignets. La boisson des Eaux, les bains, les douches pendant deux mois, ont guéri ce malade.

III OBSERVATION.

Le 6 Août. M. M. de B..... Habitant à Limonade, ayant un relâchement dans les nerfs, avec une stupeur à la cuisse droite qui le privoient de l'usage de ses membres ; il a été guéri en quarante jours par l'usage des Eaux en boisson, en bains & en douches.

IV OBSERVATION.

Le 6 Août. V..... Mulâtre Libre de Jean-Rabel, attaqué d'une paralisie complète, à été guéri par l'usage des Eaux en boisson, en bains, en douches, pendant six semaines.

V OBSERVATION.

Le 8 Août. P.... Maçon de son métier, âgé de cinquante-cinq ans, s'étant baigné à l'eau froide, étant en sueur, à été pris d'une enflure considérable aux genoux & à la cheville du pied droit, & étoit dans cet état depuis quarante jours. Cinquante-sept jours de l'usage des bains & des douches ont suffi pour le guérir.

VI OBSERVATION.

En 1774. Le Sieur Charles R.... .Habitant au Gros-Morné, âgé de quarante-cinq ans, attaqué de scorbut, d'obstructions dans les viscères du bas-ventre, d'une fièvre quotidienne, a pris les Eaux & les bains avec les ménagemens convenables. La fièvre à changé de caractère, il s'est fait des crises effrayantes; mais le malade à été guéri en deux mois de temps.

VII OBSERVATION.

Le 19 Juin. Jean V..... B..... Sergent des Grenadiers du Régiment du Port-au-Prince, avoit depuis neuf mois un rhumatisme accompagné d'une convulsion tonique qui faisoit plier le corps en avant; l'usage des anti-scorbutiques & des bains d'Eau Minérale, ont rétabli cet homme en quarante jours.

VIII OBSERVATION.

Le 19 Juin. Adrien C..... âgé de 22 ans, étoit attaqué d'une paralysie à la langue, avec des mouvemens convulsifs dans les extrêmités supérieures & d'une fièvre qui de continue avoit pris le caractère de tierce, à la suite d'une apoplexie séreuse. Quelques remèdes procurèrent un vomissement & un dévoiement considérables; la fièvre céda, l'usage de la parole revint, mais il se fit une éruption cutanée, générale, qui dégénéra en ulcères. Les tendons fléchisseurs des doigts, des mains & des pieds se retirèrent; il survint un engorgement considérable dans les articulations; le malade ne pouvoit exécuter aucun mouvement, il perdit par la carie la première phalange du doigt *medius* de la main gauche ; il fut transféré dans plusieurs Hôpitaux, sans avoir pu, pendant trente & un mois, être soulagé par aucun remède. MM. les Administrateurs l'envoyèrent aux Eaux de Boynes. L'usage des bains & des douches sur les ulcères, pendant quarante jours, la boisson des Eaux, à laquelle nous avons joint les sudorifiques, les fondans & les purgatifs légers ont, retabli ce malade dans l'espace de cinq mois.

IX OBSERVATION.

En Décembre. Madame L.... avoit des douleurs violentes à l'épaule, avec une fausse ankylose dans l'articulation du bras, elle a été parfaitement guérie par l'usage des eaux pendant cinquante jours.

X. OBSERVATION.

Le 19 Novembre 1775. Guillaume P.... Soldat du Régiment du Cap, Compagnie de B..... avoit des dartres rongeantes sur tout le dos, ce malade à été guéri après soixante jours de l'usage des Eaux en boisson & en bains, & l'application des boues.

XI OBSERVATION.

En Novembre. G..... Brigadier de Maréchaussée au Môle; avoit des douleurs rhumatismales & de fausses ankyloses aux articulations des genoux. La boisson des Eaux, les bains & les douches pendant quarante jours, ont guéri ce malade.

XII OBSERVATION.

En Décembre. R.... Négresse à Madame L.... âgé de 25 ans, avoit depuis plusieurs années une suppression de régles avec une perte blanche; l'usage des Eaux, des bains, des injections pendant soixante jours ont guéri cette Négresse.

XIII OBSERVATION.

Le 20 Avril 1776. Jean-Michel F.... dit L.... Soldat du Régiment du Cap, Compagnie de P.... avoit depuis quatorze ans, une galle & des ulcères sanieux en différentes parties du corps. Il a été guéri en très-peu de temps, par l'usage des bains & des douches sur les ulcères.

XIV OBSERVATION.

Le 15 Mai 1776. Jean M..... du Régiment de Cambresis, Compagnie de M..... avoit un ulcère avec un œdéme érésipélateux à la jambe droite, les chairs étoient fongueuses, molles, & baveuses, le pus fétide, gluant & verdâtre, il y avoit plusieur sinus qui s'étendoient jusques vers la partie supérieure du tibia, il s'est formé à la partie inférieure une congestion qui a rendu une humeur sanieuse & noirâtre; on a dilaté les sinus, on a bassiné les ulcères avec les Eaux Thermales, il s'est détaché plusieurs esquilles, dont une de sept pouces de long, & une autre qui avoit cinq pouces. L'ulcère s'est détergé; il s'est établi une bonne suppuration, l'os s'est régénéré; il s'est formé une bonne cicatrice.

XV OBSERVATION.

Le 24 Juin. Gille-Marie J..... Canonier, étoit perclus des extrêmités inférieures ; il éprouvoit des douleurs rhumatismales très-violentes depuis deux mois. Les bains & les douches, après l'usage des remèdes généraux, l'ont rétabli.

XVI OBSERVATION.

En Juillet. M. F..... D..... Officier du Régiment du Cap, avoit eu un anévrisme considérable au bras gauche. La pression de la tumeur sur les nerfs & la gêne de la circulation avoient réduit la partie dans un état d'atrophie ; il obtint sa guérison après dix mois. Un an après, il éprouva de la douleur & de la gêne dans les mouvemens du bras, il craignoit le retour de la tumeur ; il lui survint un engorgement considérable au genou droit, il avoit du dégoût, de l'insomnie, il lui survint une hémoragie par la verge, & il avoit une fièvre lente.

Six jours après l'usage des Eaux Thermales, prises à la source & coupées avec le lait, l'hémoragie disparut ; mais la fièvre ayant augmenté, on fut obligé de les discontinuer, on revint à leur usage six semaines après ; on y joignit les fondans, les purgatifs & les douches sur les bras. Ce traitement continué pendant trois mois, à dissipé tous les accidens.

XVII OBSERVATION.

En Novembre. Une Négresse de M. M..... Commandant

aux Gonaives, avoit depuis fort longtemps une suppression de règles, des ulcères sur tout le corps, une fièvre consomptive. Tous les traitemens avoient été inutiles : on lui a fait prendre les eaux & les bains pendant trois mois, ce qui a suffi pour la guérir.

XVIII OBSERVATION.

Le 15 Décembre 1777. M. G..... avoit tout le corps couvert d'un ulcère qui rendoit une sanie fétide. Les ongles des pieds & des mains étoient tombées, ainsi que les cheveux, les poils & les sourcils. Les bains, les douches & la boisson des eaux pendant quatre mois, ont guéri cette lèpre affreuse, qui avoit résisté à beaucoup de remèdes.

XIX. OBSERVATION.

Le 26 Février 1779. M. D.... Capitaine d'Artillerie, en garnison au Port-de-Paix, avoit essuyé de très-grandes fatigues dans une expédition, dans laquelle il avoit été réduit à coucher sur le sable, au bord de la mer, après des travaux très-pénibles.

Il ressentit d'abord un fourmillement aux extrémités des doigts, il survint des douleurs musculaires avec beaucoup de foiblesse & d'engourdissement dans toutes les parties. Il tomba bientôt dans un état de paralysie complète. Un des muscles zigomatiques étant paralysé, il avoit de l'autre côté une contraction très-douloureuse. Le malade ne dormoit pas, & il avoit un dégoût général pour tous les alimens.

L'usage des Eaux Minérales en bains, douches & boissons pendant deux mois, ont suffi pour guérir cette maladie.

XX. OBSERVATION.

Le 9 Juin. M. Martin B.... Capitaine de Corsaire, griévement blessé dans un combat, eut encore le malheur de se trouver enveloppé par le feu d'un baril de gargousses enflammées. Obligé d'abandonner son ennemi, qui avoit déjà amené, il vint à la Havanne pour se faire traiter, sa blessure dégénéra en un ulcère affreux, il fut transporté au Môle Saint-Nicolas, & il vint au Port-à-Piment un an après, par la recommandation de M. d'Anctevills. Son corps étoit atrophié, il avoit une paralysie générale. On a d'abord employé les bains tempérés, on a donné ensuite les douches, & cela a si bien réussi que le malade s'est rétabli parfaitement.

XXI OBSERVATION.

Le 3 Octobre. François T...., de la Compagnie de Rave, Régiment de Cambresis, avoit une hydropisie ascite, avec une oppression considérable, une toux sèche & une fiévre lente; il étoit très-maigre, l'enflure des jambes, des bourses & du ventre étoient si considérable qu'il ne pouvoit se tenir debout un seul instant; il souffroit tant qu'il ne désiroit que de mourir.

Les Eaux, le bain de vapeurs, les hydragogues, les apéritifs ont guéri ce malade, qui est parti bien portant pour sa garnison, le vingt-quatre Avril suivant.

XXII OBSERVATION.

En Mai 1780. Susanne, Négresse de Madame veuve Marchand, des Gonaïves, avoit une suppression de règles & neuf ulcères scrophuleux sur diverses parties du corps. La boisson des Eaux, les bains & les douches ont rétabli cette malade qui avoit pris beaucoup de remèdes sans succès.

XXIII OBSERVATION.

Le 26 Juin. Laurent F.... Grenadier du Régiment du Port-au-Prince, avoit une maladie cutanée qui avoit résisté à tous les remèdes, il s'est retabli par l'usage des Eaux en bains, douches & boissons pendant quarante jours.

XXIV OBSERVATION.

Le 12 Novembre. Madame A.... Habitante au Port-de-Paix, avoit dans le bras gauche une foiblesse & des douleurs qui interceptoient les mouvemens de cette partie. Elle a été guérie en trente-six jours par l'usage des Eaux Minérales.

N.° 6.

EXTRAIT

D'un Mémoire sur la Topographie du Port-à-Piment, sur les avantages qu'on peut retirer de son sol, sur les Eaux Minérales, leurs propriétés, par M. Dubri, *ancien Chirurgien-Major, Inspecteur de ces Eaux.*

LA Plaine du Port-à-Piment a environ dix-sept lieues de long, elle s'étend depuis la baye de Hiene jusqu'à Corridon, sa largeur est de trois lieues, elle va jusqu'aux montagnes du haut Moustique; cette Plaine n'est interrompue que par trois mornets; la partie Ouest & Sud qui répond à la mer est très-aride, parce qu'elle n'est arrosée que par les pluyes d'orage; la partie de l'Est est plus fertile, parce que les Nords y portent.

La mer est presque au niveau de la Plaine. On observe sur ces parages des trombes d'eau, elles s'annoncent par un bruit sourd, comme celui d'un tremblement de terre, nous en avons vu deux en quatre ans; le Ciel n'étoit couvert d'aucun nuage, l'air étoit à peu près calme comme aux approches des secousses de la terre.

Le vent de Nord-Est domine pendant neuf mois de l'année, mais lorsqu'il règne de l'Ouest, qui est le vent du large pour cette Plaine, leur choc produit un tourbillon qui éléve le sable en colonne, en forme de trombe.

Il y a un banc de sable tout le long de la côte qui porte à une demi-lieue au large. Cette mer est très-poissonneuse; le rivage paroit propre à faire des salines. Le Sieur Laporte, Habitant, depuis neuf ans dans ce lieu, a commencé à faire du sel avec un Nègre de loyer; sa fortune prouve combien cette Manufacture est avantageuse.

On tire à Saint-Domingue le sel des Isles Turques. Ce sel est noir âcre & peu propre aux salaisons; celui du Port-à-Piment est blanc, d'une odeur suave, & conserve bien la viande.

Douze Nègres peuvent entretenir douze bassins, chaque bassin donne à-peu-près six cent barils de sel par an, ce qui faisant un produit de sept mille deux cents cent barils, qui, vendus à raison de six livres chaque, donneront un produit de quarante trois mille deux cent livres.

Les vents & les pluies sont deux obstacles à l'établissement des salines, mais les pluies sont rares dans ces quartiers & les vents n'ont pas une violence assez constante pour nuire à la cristalisation.

La Plaine du Port-à-Piment est couverte d'une herbe fine, qui est un excellent paturage pour les grands animaux. Les chevaux y sont vigoureux & légers; les bœufs y sont gras & robustes & leur chair est succulente; on pourroit augmenter dans ce quartier le nombre des hattes; les Habitans qui en entretiennent y font de très-grands bénéfices.

On voit dans le quartier de Terre-Neuve les débris des forges que les Espagnols avoient établies pour exploiter les mines de ce quartier.

Les Montagnes qui regardent la mer, contiennent beaucoup de minéraux; leur élévation, leurs dépouilles annoncent leur ancienneté.

Un étang considérable termine les savannes du Port-à-Piment du côté des Gonaïves; cet étang nourrit du poisson & il est couvert, dans quelques saisons, de canards sauvages & de sarcelles.

Quel est l'homme qui n'apperçoit pas les avantages des établissemens proposés? Ils aggrandiroient notre commerce intérieur & le rendroient indépendant à certains égards des autres nations: c'est ainsi que la Colonie, devenue plus florissante, se rendroit plus utile à la Métropole.

L'établissement des Eaux de Boynes est placé au penchant d'une colline couverte de bois. Les bâtimens sont divisés en quinze corps de logis. Cette maison environnée par des allées d'arbres offre un coup d'œil très-agréable, il s'est formé un petit bourg au-de-là de la grande allée.

Les sources des Eaux Thermales sont au nombre de sept; on a donné à ces sources le nom des personnes qui ont contribué à cet établissement. Cinq de ces sources sont hors de l'enceinte de ces bâtimens. La source de Valliere, du nom d'un Général qui réunissoit aux talens d'un homme de guerre, l'amour des Sciences & des Lettres, & qui n'a laissé dans toute la Colonie que des monumens de bienfaisance qui font chérir sa mémoire. La seconde est celle de M. la Ferronais, Commandant de la partie du Nord; la troisième porte le nom de M. de Vaivre, Intendant de la Colonie; la quatrième est celle de Dancteville, du nom de l'Ingénieur qui a fait construire les batimens, la cinquième est celle des Dames, ainsi nommée parce que l'eau de cette source est moins claude & moins saline. Deux autres sources sont dans l'enceinte, celle de Rameru, du nom du Commandant pour le Roi, à Saint-Marc qui a fait donation de ce terrein au Roi; la seconde est celle de Montarcher, Intendant de la Colonie.

La source de Valliere donne à-peu-près cent quatre-vingt pintes d'eau par heure; celle de Vaivre, de Montarcher & Dancteville, fournissent à-peu-près soixante pintes chacune.

Les autres sont moins abondantes, mais si toutes ces Eaux étoient rassemblées dans un canal qui les conduiroit dans un reservoir commun que l'on pourroit placer à une lieue de l'hôpital des Eaux de Boynes & à une demi-lieue de la mer, les Hattiers & les Saliniers auroient l'agrément d'avoir l'Eau à une demi-lieue, tandis qu'ils sont obligés d'aller la chercher à cinq & six lieues, & on pourroit faire abreuver les animaux que l'on est obligé de conduire au grand étang, au bas de la montagne de la Barre, ce qui est très-fatiguant, principalement dans les grandes sécheresses.

Les Eaux Minérales du Port-à-Piment ont une odenr de foie de souffre, qui se fait sentir dans un temps calme à plus de cent cinquante pas de leur réservoir.

Lorsqu'on prend de l'Eau dans le puisard, elle exhale une odeur forte qui se perd entièrement, lorsque cette Eau est refroidie.

On nous a dit qu'en 1770, il y avoit une source froide très-abondante, qui a disparu lors du tremblement de terre.

On ne boit à présent que de l'Eau des sources chaudes; on la met dans des jarres & vingt-quatre heures après elle est fraîche & agréable, l'Eau Thermale dans cet état de refroidissement ne conserve que les parties terreuses & salines, mais en si petite quantité qu'elles ne produisent aucune sensation.

Si l'on fait chauffer de l'eau ordinaire à un degré égal de celui des Eaux Thermales & qu'on la compare à une quantité égale d'Eau Thermale, on verra que l'Eau Minérale aura encore quatre degré de chaleur, lorsque l'autre sera refroidie. L'eau ordinaire entre en ébulition plus promptement que l'Eau Minérale.

Des plantes mises dans le puisard des Eaux Minérales, étoient aussi vertes vingt-quatre heures après, qu'au moment qu'elles y avoient été mises; les mêmes plantes plongées dans l'eau ordinaire, chauffée au même degré que les Eaux Minérales, ont été jaunes & flétries dans une minute. La chaleur de l'Eau Thermale a donc quelque chose d'extraordinaire & tient à un principe nous est inconnu.

En admettant que la chaleur des Eaux Minérales est produite par l'embrasement des volcans & des pyrites, on ne peut concevoir comment les arbres qui ont leurs racines plantées dans le lieu des sources peuvent prendre leur accroissement (a). Il y a des plantes qui croissent sur le bord de ces Eaux & même dans leur sein, l'on n'employe que l'Eau Minérale pour arroser les jardins, quelques personnes la laissent refroidir, mais nous l'avons employée chaude pendant long-temps, & cela n'a apporté aucun dommage à nos plantations.

Lorsqu'on boit l'Eau Thermale sans qu'elle ait été refroidie, on ne sent qu'une légère chaleur; on en sent au contraire une très-forte & même insupportable en y plongeant la main.

Il faut user de précaution pour plonger le Thermomètre dans les Eaux Thermales. M. Dazile qui est venu visiter ces Eaux en 1783, a cassé quatre de ces instrumens pour n'avoir point

(a) *Il faut supposer que le foyer de la chaleur est beaucoup au dessous du terrain dans lequel les arbres étendent leur racine, ce qui n'est jamais à une grande profondeur.*

pris

pris assez d'attention : la chaleur de ces Eaux n'est cependant, suivant les différentes sources, que de 38, 40, 41 & 42 degrés.

Suivant l'analyse de MM. Chattard & Polony, chaque pinte d'Eau Minérale contient quarante grains de substances salines, tant de sel de Glauber, que de sel commun, d'alkali & de terre calcaire.

En mettant sous une combinaison quelconque une pareille quantité de ces substances dans une pinte d'eau commune, on obtiendra toujours une boisson très-différente de l'Eau Thermale, ce qui nous fait juger que les propriétés de ces Eaux ne dépendent pas entièrement de leurs parties salines & terreuses, mais qu'elles résident essentiellement dans ce principe subtil qui s'échappe dans leur refroidissement. Tous les essais que nous avons faits pour imiter ces Eaux nous ont persuadé de la difficulté de deviner les procédés de la nature.

On sent fréquemment des secousses de tremblement de terre à Boynes. C'est alors que les Eaux exhalent une plus grande quantité de gas sulfureux. Ce gas est si sensible quelque fois que lorsqu'il s'échappe par les soupiraux des puisards, on pourroit en remplir des vessies, pour en examiner la nature.

L'air de ce quartier est très-sec. Une feuille de papier exposée à l'air pendant la nuit ne contracte aucune humidité.

La lune a beaucoup d'influence à Saint-Domingue sur les animaux & sur les végétaux ; il y a des quartiers dans la Colonie où une personne qui a été exposée le soir pendant quelques heures à son action, éprouve de l'agitation, de l'insomnie, des migraines, des ophtalmies ; les personnes qui ont des dartres éprouvent au plein & au renouvellement de la lune des démangeaisons plus considérables que dans tous les autres temps. Les personnes saines qui ont été aux Eaux de Boynes savent, ainsi que moi, qu'on peut coucher déhors tête nue & en chemise, au plein & au renouveau de la lune, ainsi que dans les autres temps, sans ressentir aucune influence & sans éprouver aucune incommodité; les personnes qui ont des dartres n'éprouvent même qu'une foible démangeaison lors de la pleine lune.

Il paroît, d'après ces observations, que la lune n'a d'influence sur nos corps qu'à raison de l'humidité de l'air & des principes hétérogenes que les exhalaisons du sol versent & que la chaleur du soleil attire dans l'athmosphère, & si elle a moins d'action dans le quartier du Port-à-Piment, on doit l'attribuer à la qualité de l'air qui, étant sec, ne peut se charger d'une aussi grande quantité de principes salins & sulfureux que dans les autres quartiers.

Les Eaux Minérales prises intérieurement produisent peut-être autant d'effets qu'il y a des différentes espèces de tempéramens. Les bilieux, dont la fibre est sèche & irritable, s'exposent à des fièvres inflammatoires, à des insomnies, à des rétentions d'urines, en prenant les Eaux sans précaution; l'Eau de la source des Dames convient mieux à ces tempéramens, ils ne doivent commencer que par un verre, dans lequel on fait dissoudre quatre grains de sel de nitre, on augmente tous les jours d'un verre jusqu'au huitième jour & quelquefois jusqu'au douzième.

Ces Eaux ne conviennent pas dans l'apoplexie sanguine, elles sont dangereuses dans les diarrhées par leur qualité purgative, on ne doit employer les bains qu'au 32me. degré de chaleur au thermomètre de Réaumur. On doit se tenir bien couvert en sortant du bain.

L'usage des Eaux n'exclue pas les secours auxilliaires qui conviennent aux différentes maladies & aux différents états des malades. On peut employer les émétiques, les purgatifs, même la saignée, suivant les indications.

M. Dubry a employé les douches & les boues ; il n'employoit dans les douleurs rhumatismales internes que l'usage intérieur des Eaux, il joignoit à cet usage un régime humectant.

Il a employé le même traitement dans les paralysies ; nous allons rapporter quelques unes de ses observations.

PREMIÈRE OBSERVATION.

En 1783, on m'apporta un Soldat du Régiment d'Enguien, nommé Jean M.... dit L.... il ne pouvoit remuer aucune des parties de son corps, sa peau étoit sèche & insensible.

Ce malheureux étoit dans un état de marasme, j'ordonnai qu'on remplit un bain destiné aux Soldats, & sur le champ j'y fis mettre le malade ; on laissa le canal de la vuide & du plein ouvert, pour laisser couler l'Eau Thermale sur son corps, demi-heure après la chaleur de l'Eau le ranima, ce malheureux prit la parole, il commença par crier, ce qu'il n'avoit pas encore fait au rapport de ses camarades, il reprit un peu de force.

Demi-heure après je le fis sortir de l'Eau. L'ayant fait essuyer & coucher sur une paillasse, je le fis couvrir, je lui ordonnai un bouillon dans lequel je fis ajouter un demi-verre de vin, il transpira beaucoup, je le fis porter une demi-heure après dans la grande salle & j'ordonnai qu'il lui fût donné une petite soupe ; le lendemain matin je le fis mettre dans un bain semblable au premier ; on lui donna, après l'avoir essuyé & couché, un bouillon, j'ordonnai qu'il lui fût donné une soupe à dîner, une autre à souper avec un verre d'eau & de vin. Comme les intestins ne faisoient pas leurs fonctions, j'ordonnai deux lavemens, dont un le matin & l'autre le soir, avec de l'Eau de la source de Rameru, j'ordonnai aussi qu'on lui fit boire de cette

Eau Minérale, quatre verres tous les matins en sortant du puisard. Ce traitement, au bout de huit jours, mit ce malade en état de porter avec ses mains les alimens dans sa bouche, ce qu'il n'avoit pas fait depuis onze mois.

Les forces digestives & celles des membres s'accrurent; alors j'ordonnai la demi-ration & huit verres d'Eau Thermale à prendre dans la matinée, un bain comme à l'ordinaire, le matin & un autre le soir. Six jours après le malade se tint debout. Je le mis à la ration, je continuai les bains & l'Eau Thermale de la Source de Rameru prise dans le puisard, & je lui ordonnai les douches à prendre deux heures après le bain du soir. Trois semaines après cet homme marcha avec deux échasses, ses membres reprirent peu-à-peu leur forme primitive, il quitta ses échasses au bout de quatre mois d'entrée à l'Hôpital.

II OBSERVATION.

M. V .... Habitant au haut Moustique, âgé de soixante ans; étoit paralysé des bras & jambes depuis deux ans, il avoit son intelligence ordinaire, il ordonnoit les travaux de son habitation & les conduisoit aussi bien qu'il l'avoit fait auparavant; il avoit un appétit vorace, & étoit venu d'une grosseur extraordinaire; l'ambition & la difficulté de pouvoir se faire porter en voiture aux Eaux, l'avoient retenu sur son habitation, il se décida en 1781 à venir chez M. Courrege, Chirurgien au bourg, voisin de ces Eaux.

Ce Chirurgien le traita, au bout de deux mois il saisissoit un corps de ses mains, sans pouvoir cependant porter le manger à sa bouche ni se tenir debout. Alors il déséspéra de sa guérison; il me fit prier de venir chez M. Courrege pour me consulter. Après l'avoir écouté & examiné, je conférai avec mon Confrère sur les moyens que nous devions employer ; j'observai que le transport des Eaux Minérales leur faisoit perdre leur propriété, que leur inaction ne provenoit que de cette cause, qu'il falloit pour cela, vu l'ancienneté de la maladie, l'âge & la complexion du malade, le faire porter dans une des chambres du bain désignée pour les pauvres, parce que cette source a plus d'activité qu'aucune des autres & que les boues se trouvent à côté.

En conséquence, je lui ordonnai, pour émouvoir la masse énorme de fluide, de prendre au point du jour douze grands verres d'Eau Thermale de la Source qui conduit à ce bain, sous le nom Dancteville, & le plus promptement qu'il lui seroit possible ; pour ensuite entrer dans les boues & y rester trois quarts-d'heures, s'il le pouvoit & le faire entrer dans un bain comme je l'ai fait pratiquer pour détacher la boue qui s'attache sur le corps. Après l'avoir bien essuyé, j'ordonnai qu'on le fit coucher sur un matelas & qu'on le couvrit d'un drap ; après je lui faisois donner une écuelle d'un bon consommé, dans lequel on ajoutoit un verre de vin vieux : j'ordonnai pour le soir les douches sur toutes les parties du corps ; le régime étoit le même que celui qu'on lui avoit prescrit. Après huit jours de l'usage des boues & douches, je conseillai quatre grains de tartre émetique dans l'eau de casse en deux doses, ce qui l'évacua beaucoup, je conseillai de reprendre les boues & les douches, & l'Eau Thermale, avec les précautions que j'avois indiquées. Quatre jours après je les fis suspendre pour lui faire prendre une once & demie de sel de Glauber, ce qui ne produisit que de très-foibles évacuations, le lendemain je lui ordonnai deux onces & demie du même sel, en deux doses, qu'il prit à demi-heure de distance l'une de l'autre,

Le lendemain il prit le même traitement, il fut fort surpris de se sentir une agilité qu'il n'avoit pas éprouvée depuis long-temps ; il goûta la douce satisfaction de porter ses alimens à sa bouche & de se tenir debout sans aucun appui. Il continua les douches & les boues : je lui ordonnai, d'après les forces qu'il avoit prises, un bain à prendre quatre heures après la sortie des boues. Il continua de prendre tous les quatre jours une once & demie de sel de Glauber. Il buvoit abondamment par dessus de l'Eau de la source Dancteville. Le lendemain il recommença le traitement dont j'ai parlé, de façon qu'au bout de quatre mois, à compter du jour de son arrivée aux Eaux, il marchoit seul ; quelque temps après il fut entièrement guéri, & il jouit encore d'une bonne santé.

M. Dubry a guéri des ankiloses vraies & fausses par l'usage des Eaux, des douches & des boues ; il a vu des exostoses qui avoient resisté aux traitemens antivéneriens & qui ont été guéries par les mêmes moyens ; il purgeoit dans ces cas les malades avec les pilules mercurielles. Il a été obligé quelque fois de dénuder les os, d'appliquer le cautère actuel pour détruire la carie, mais il a toujours, dans ces cas, continué l'usage des boues, des douches & des lotions. M. Dubry a traité avec succès des ulcères, en associant quelque fois les anti-vénériens & les anti-scorbutiques, mais il en a vu qui ont résisté à tous ces moyens & qui n'ont pas été guéris après deux ans de traitement.

M. Dubry croit que les maladies cutanées, si communes à Saint-Domingue, sont l'effet du vice vénérien dégénéré ; il a vu plusieurs fois que les dartres étoient produites par la suppression des gonorrhées & il s'est bien trouvé dans sa pratique de s'être appliqué à rappeller cet écoulement dans le traitement de ces maladies. Il rapporte l'observation d'une mort subite, produite par l'érosion de la veine splénique, & il croit que cette maladie a été produite par la répercussion du vice dartreux qui s'étoit développé après la suppression d'une gonorrhée.

L'usage des Eaux de Boynes associé aux anti-scorbutiques, aux mercuriels & aux purgatifs, a réussi souvent à M. Dubry, dans le traitement des dartres.

« Un Sergent du Régiment du Port-au-Prince, nommé L.. » vint à l'hôpital des Eaux de Boynes, son corps étoit couvert » d'une chaîne de boutons dartreux, il ne pouvoit pas faire dix » pas que ses souliers qu'il portoit en pentoufle ne fûssent pleins » de sang; il ne pouvoit ouvrir les mains qu'à moitié, lors- » qu'il vouloit les ouvrir un peu plus, la peau crevoit & le sang » jaillissoit, je lui fis diverses questions sur son état, je lui deman- » dai s'il n'avoit pas éprouvé quelques accidens vénériens, il » me dit qu'il avoit eu deux gonorrhées, je lui demandai s'il » avoit gardé long-temps la dernière, il me répondit qu'un de » ses camarades la lui avoit fait passer dans huit jours. Ce rap- » port me fit juger que la maladie de la peau ne provenoit » que de cette cause, je le mis à l'usage des Eaux Minérales, » comme je l'ai pratiqué à tous les autres, le cinquième jour » sa gonorrhée qu'il croyoit guérie, revint avec abondance. Dans la » crainte de déranger le cours de la nature, je continuai le mê- » me traitement; quinze jours après, la plus grande partie de » ses cordons dartreux étoit diminuée de moitié, je lui fis con- » tinuer les eaux & les bains, enfin huit jours encore après » l'écoulement gonorrhéique avoit diminué des trois quarts, & » les boutons cutanés devinrent si isolés, qu'il n'en paroissoit » plus que quelques uns; je le fis purger & après je lui fis don- » ner douze frictions mercurielles. Il prenoit tous les matins une

» bouteille de lait, il buvoit huit grands verres d'Eau Therma» le, je le faisois purger à la quatrième friction avec la manne, » le polipode de chêne & le sel de Glauber; cet homme, qua» tre mois après le jour de son entrée à l'hôpital, partit sans » aucun vestige de sa maladie ».

M. Dubry a guéri par l'usage des Eaux de Boynes secondées par les émétiques, les purgatifs & le régime, beaucoup d'engorgemens dans les viscères, des cachexies, suite des maladies.

Les Eaux lui ont paru très-bonnes dans les langueurs d'estomac, & dans le relâchement des reins, de la vessie, lorsque les urines charoycient des glaires. M. Dubry n'a eu occasion de traiter que deux hydropiques, ils sont morts; il a trouvé des obstructions dans les viscères du bas ventre, il croit que les Eaux de Boynes conviendroient mieux dans les cas d'hydropisie, par le relâchement, suite de la cachexie; il croit qu'elles conviennent aussi dans le traitement de la tympanité.

D'après les bons effets que M. Dubry a vu produire aux Eaux de Boynes dans le traitement de plusieurs maladies, pendant qu'il étoit chargé de l'Hôpital Militaire qui y étoit établi, il a pensé qu'il seroit bien avantageux pour les garnisons du Cap & du Port-au-Prince, pour la conservation des soldats qui languissent dans les Hôpitaux, & succombent presque toujours aux maladies chroniques, pour les intérêts du Roi, enfin pour ceux des Colons qui sont souvent obligés d'abandonner leurs biens & leur culture pour aller en France se faire traiter des maladies dont ils pourroient guérir par l'usage des Eaux de Boynes, d'entretenir cet établissement.

MM. de la Luzerne & de Marbois ont senti cet intérêt, & ils n'ont rien négligé pour assurer à l'établissement des Eaux de Boynes toute l'utilité dont il est suceptible.

M. Dubry observe avec raison que les Eaux Minérales de Boynes auroient eu généralement plus d'effets dans le traitement des maladies, si au lieu de nourrir les malades avec de la viande salée & des légumes secs, on leur avoit procuré de la viande de boucherie, des légumes frais, des herbages & du pain d'une bonne qualité.

N° 7.

MÉMOIRE

Pour servir à l'histoire naturelle du Quartier du Port-à-Piment, avec l'analyse des Eaux Thermales de Boynes; par M. Gauché, *Administrateur concessionnaire des Eaux de Boynes, & Associé du Cercle des Philadelphes.*

LE Quartier du Port-à-Piment est situé au Sud-Est d'une presqu'isle formée par le Moustique, les Quartiers de Jean-Rabel, du Môle Saint-Nicolas, & de Bombarde.

Il a environ dix-sept lieues de longueur de l'Est à l'Ouest, sur sept dans sa plus grande largeur du Sud au Nord; il est borné à l'Ouest par la mer, au Nord-Ouest par la baye & la rive gauche de la rivière de Heine, & par la montagne de Jean-Rabel; au Nord par les montagnes du haut Moustique; à l'Est par celle du Gros-Morne; au Sud-Est par celles de la Pierre des Gonaïves; au Sud par la mer.

Ce Quartier est divisé en trois cantons principaux, qui sont 1°. celui de Terre-Neuve; 2°. celui de la Plaine du Parc; 3°. la grande plaine du Port-à-Piment.

1°. Le Canton de Terre-Neuve qui est situé à l'Est &

au Sud-Est de ce Quartier, est composé de montagnes de cinq à six cents pieds de hauteur qui forment deux chaînes à peu près parallelles dans la direction de l'Est à l'Ouest, & separées par une gorge ou vallée qui reçoit les eaux de chaque côté, & est arrosée par une petite rivière qui porte le nom du canton; les pluies y sont fort fréquentes, ainsi que dans toutes les montagnes de cette Isle, le terrain y est frais, humide, fertile & très-propre à la Culture du Café; il y a déjà plusieurs établissemens en ce genre, & il peut s'en faire un nombre dix fois plus grand par la quantité de bois debout qui existe. On trouve à Terre-Neuve toutes les espèces de bois propres à bâtir, & les mêmes à peu près que ceux qui couvrent les montagnes du haut Moustique. Le fond du sol y est en général marneux. J'ai observé que tout le fond de cette presqu'isle & du quartier du Gros-Morne est composé de cette sorte de terre; il faut cependant en excepter quelques rameaux de montagnes qui suivent ordinairement une même direction, qui sont composés d'argille & de pierres quartzeuses, ou de grais: ce sont ces sortes de terres où se rencontrent ordinairement les mines de différens métaux.

On rencontre dans le lit de la rivière de Terre-Neuve des pailletes d'or, des pierres ferrugineuses, on voit les vestiges des établissemens qu'avoient faits les Espagnols dans le siècle dernier pour exploiter les mines d'or, il y a dans les montagnes des cavernes ou grottes fort grandes, garnies des plus belles stalactites & stalagmites.

Tous les mornes de Terre-Neuve dont la pente regarde la mer sont stériles, ne portent que des arbustes rabougris & peu ou point d'herbe. Il y a entre le bord de la mer & les hautes montagnes fertiles, des mornes isolés dont les uns ont une forme presque sphérique & d'autres ont une forme exactement conique; ils sont tous deux composés de pierres calcaires, parmi lesquelles on apperçoit des blocs isolés de silex de toutes les espèces; il y en a dans lesquels ont voit une prodigieuse variété de couleurs.

2.° Le canton de la plaine du parc est très-petit. C'est une plaine en cul de lampe, entourée de tous côtés par des montagnes élevées, ce qui rend cet endroit très-pluvieux dans le temps des orages; malgré cela on n'y trouve que deux très-petites sources qui souvent ne suffisent pas à l'exploitation de deux petites indigoteries. Cet inconvénient a déterminé un de ses Habitans à y cultiver le coton l'année dernière, & il y a parfaitement réussi. Le sol qui est tout d'alluvion provenant de la dégradation des mornes voisins est très-profond, les acajous à planche (*Swictenia*) (b) de la plus belle qualité, y sont si nombreux que l'on diroit que l'on y en a fait une plantation exprès. On les exploite maintenant par le moyen d'un chemin très-roide & dans le roc, que se sont pratiqué les propriétaires de cette plaine; delà ils les descendent dans la plaine, & au port qui est distant de cinq bonnes lieues.

De la plaine du parc, on se rend au Quartier & au bourg du Gros-Morne, par un sentier étroit, roide & tout dégradé qui passe par dessus une montagne appellée le dos-d'âne. J'ai apperçu au pied de ce morne, dans la plaine du parc, une mine de cuivre & une de fer; cette dernière m'a paru abondante: je les décrirai avec les autres mines du Quartier.

(b) *Decandri. monogyn. spec. plant. edit. de Francfort, en 1779. T. II P. 271. Cet arbre a été dédié à Van-swieten, par Jacquin. V. son ouvrage qui a pour titre :* Selectar. Stirp. Amer. Histor. Pag. 127.

En descendant dans la grande plaine du Port-à-Piment on traverse un ruisseau qui, à sa source, a environ deux cent pieds de hauteur dans un des mornes qui fait partie de ceux du haut moustique.

L'ouverture dans le rocher d'où sort cette source, est d'environ trois pieds de diamètre, & forme une cascade, son volume d'eau est presque toujours égal; son eau ma paru extrêmement alkaline, les bananiers qui végétent vigoureusement le long de ce ruisseau, donnent des fruits qui ont fortement le goût & l'odeur du cresson, & j'ai senti la même odeur en traversant de nouveau ce ruisseau à son embouchure dans la riviere de Terre-Neuve.

Au Sud-Est de Terre-Neuve, il y a une grande colline formée par deux montagnes; l'une s'appelle le bras de droite & l'autre de gauche, la terre y est fertile, il s'y forme des établissemens qui pourront s'y multiplier à l'avenir, parce que l'exploitation n'en n'est pas fort pénible.

3.° la plaine du Port-à-Piment a environ dix lieues de longueur le long de la mer sur quatre de profondeur; il y a deux ports, l'un dit le grand Port-à-Piment, & l'autre le petit. L'entrée de ces mouillages est difficile & dangereuse pour les marins qui ne la connoissent pas bien, parce qu'à environ une lieue au large, il y a un grand banc de rescifs à fleur d'eau, ou sous l'eau qui ne laisse qu'un passage assez étroit, & qu'il est difficile de reconnoître. Ces rescifs & la pente presqu'insensible du fond sont cause qu'on ne voit jamais de rats de marée dans ces ports, parce que la houlle excitée par la rempête éloignée vient se briser sur ces barres de rescifs & de là la lamme se développe avec vitesse mais uniformement, par une plage parfaitement unie & presque de niveau; cette position offre un lieu tres-commode pour faire des observations sur les marées, mais comme il n'y a que quelques pêcheurs établis dans le port, je n'ai pu me procurer que des observations sans mesures bien précises, mais qui s'accordent assez avec celles qui ont été faites en beaucoup d'autres ports de la Colonie, savoir : que les marées montent ordinairement entre deux & trois pieds selon les différentes saisons, & que les plus hautes de toutes sont celles des équinoxes, sur-tout celles des nouvelles & pleines lunes qui arrivent aprés l'équinoxe d'automne. C'est une vérité de fait, qui est dementie par les calculs des Attractionnaires. Ce n'est pas la faute du calcul intégral & différentiel, qui est une excellente machine à découvertes, mais c'est que les données des problêmes sont systématiques au lieu d'être axiomes.

La plaine du Port-à-Piment est la terre la plus nouvelle de l'Isle de Saint-Domingue, c'est-à-dire, la derniére que la mer a abandonnée, elle n'est composée dans toute son étendue que de galets entremêlés de terre calcaire, & en quelques endroits de marne trés-divisée & attenuée à la superficie du sol. On pourroit, par une longue suite d'observations, calculer l'âge de cette terre, on profiteroit avec facilité de ce terrain bas & nouveau, en élevant à quelques pas dans la mer une colonne bâtie en brique & ciment dans le grand port ou l'eau est calme; sur cette colonne on traceroit une échelle bien divisée pour marquer la hauteur ou l'abaissement de la mer pendant un certain nombre d'années; cette plaine ne fournissant point de terres d'alluvion dans le port, on détermineroit sûrement de combien la mer se retire dans un nombre donné d'années, & ce seroit un moyen physique de connoître l'âge de cette terre. Cet instrument simple pour s'éclaircir sur un point important de Phisique a été établi en Suéde & en Russie, sur la Mer baltique.

Depuis dix ans, on voit la mer se retirer très-sensiblement, dans une petite baie, à une lieue à l'Ouest du Port-de-Paix.

Quoique cette vaste plaine soit l'ancien lit de la mer, elle est pourtant mamelonnée par une très-grande quantité de monticules, qui ont été formés par le remoux des eaux, car ils sont tous composés de galets comme le reste de cette plage. Cette plaine est aussi entrecoupée de ravines qui ne sont pas encore très-profondes, mais qui se fouillent de plus en plus par le courant des eaux qui descendent avec précipitation du haut des montagnes qui étoient l'ancienne côte & de la nature de celles que l'on appelle côtes de fer, parce qu'elles sont toutes coupées presque à blomb & composées de rochers d'une pierre calcaire très-dure.

On voit, en suivant les ravines les plus profondes, que tout le sol de cette plaine est un composé de débris de toutes sortes de pierres ; les plus abondantes sont les pierres calcaires de différentes espèces, en général très-blanches, d'un brun très-brillant, un peu salineuses, quelques unes susceptibles du poli & de décomposition à l'air & à la pluie. Les silex y sont abondans ; il s'en trouve des sortes où l'on apperçoit beaucoup de différentes couleurs, ce qu'il y a de plus frappant, c'est qu'on en voit beaucoup à la surface de la terre, qui paroissent être d'une nouvelle formation, & d'une cristallisation globuleuse, tantôt de la grosseur de pois isolés, tantôt semblables à du fraix de grénouilles ; ces globules sont demi-transparens, d'un gris sale, & quelquefois bleuâtres. On voit répandu çà & là ces silex qui ont l'air de mâchefer & sont de la même couleur, &, comme lui, tout parsemés de trous provenant de la décomposition des pyrites ferrugineuses qui y étoient enfermées. Il s'en trouve une autre espèce propre a être taillée, mais en offrant un assez beau poli elle paroît pleine de gerçures. J'ai remontré des pierres d'un rouge de brique, à-peu-près de la même consistance, inattaquables par les acides, donnant des étincelles avec le briquet, & répandant une forte odeur de foie de souffre, lorsqu'on en frotte deux morceaux l'un contre l'autre. Avant de l'avoir essayée avec les acides, je l'avois prise pour de la zéolite rouge, parce qu'elle est exactement de la même couleur & de la même forme; je ne puis la ranger dans la classe des silex connus, à cause de la différence de sa cristallisation.

Quand elle aura été exposée au feu & distillée avec les acides minéraux, on pourra la placer exactement, & on trouvera peut-être qu'elle constitue un genre nouveau ou au moins une espèce particulière de silex. Examinée à la loupe, on distingue des particules de silex bleuâtre, en petites lames minces dans sa substance, & le ciment qui les lie pourroit être une argile ferrugineuse qui a subi l'action du feu : elle est toute parsemée de petites cavités qui proviennent de la décomposition du fer. Je soupçonne qu'on pourroit substituer avantageusement cette pierre pulvérisée au caillou, si rare à Saint-Domingue, pour préparer avec la chaux éteinte à la Romaine & la chaux vive, le ciment imperméable à l'eau, de feu M. Loriot. On trouve aussi dans cette plaine une pierre composée de pierre calcaire & de l'espèce de silex appelié par quelques uns pierre de corne. Parmi la grande quantité de morceaux de diverses espèces de pierres qui couvrent le sol de ce désert, on remarque des pierres calcaires blanches, d'un grain très-fin, & dont la surface est couverte d'une cristallisation capillaire, ou en petits cilindres fistuleux, de couleur de saffran de Mars, & de substance silicée; l'acide nitreux fait peu d'impression sur cette couleur qui s'altère

considérablement

considérablement par l'acide marin. Ces petits cylindres creux font qu'au premier coup d'œil, on prendroit ces pierres pour des madrépores couleur de rouille de fer, mais en y regardant de plus près, on voit que ces tuyaux ne sont pas en forme d'étoiles; ce qui prouve que cette couleur est due au fer, c'est que cette cristallisation pulvérisée est en partie attirable par l'aimant; il se trouve d'autres petites pierres d'une couleur à peu-près semblable à celle dont je viens de parler, mais sans cristallisation distincte, & qui paroît avoir eu une consistance pultacée; la base qui est d'une substance mélangée, n'est qu'en partie dissoluble par les acides minéraux avec lesquels elle fait d'abord une effervescence très-considérable.

En parcourant le pied des montagnes qui terminent cette plaine au Nord, j'ai rencontré à la surface de la terre une mine de cuivre de l'espèce quatrième de la Minéralogie de M. Sage; c'est-à-dire, de la mine de cuivre grise; elle est brillante dans sa fracture, verdâtre à sa surface; elle est fort commune dans toutes ces montagnes du haut Moustique; j'ai aussi trouvé plusieurs rameaux de ces mêmes montagnes composés de pierres qu'on appelle grais, d'un gris foncé, & tout parsemé de pyrites martiales; dans leur fracture, elles donnent une apparence de brillant, & ont une cristallisation assez régulière, mais qui varie dans les divers morceaux; elles sont répandues ici avec une profusion étonnante.

Les différentes sortes de pierres qui, comme je l'ai dit, font la base du sol dont cette plaine est composée, sont entremêlées d'une marne d'une blancheur parfaite, & d'une extrême subtilité. Cela occasionne une réflexion considérable de la lumière & de la chaleur, ce qui rend cette plaine un des endroits les plus chauds de l'Isle; ajoutez à cela que les montagnes qui la terminent à l'Est & au Nord, qui sont peu ou point boisées & seulement composées de rochers très-hauts & à plomb, reflèchissent aussi beaucoup de chaleur, surtout vers les deux heures de l'après midi jusqu'au soleil couchant : aussi le thermomètre de mercure monte-t-il pendant les mois de Juillet & d'Août à trente-deux degrés après midi & se soutient à vingt-cinq degrés pendant la nuit; pendant les premiers jours de ce mois d'Octobre mil sept cent quatre-vingt-cinq, le thermomètre a monté régulièrement à vingt-huit degrés à trois heures après midi, & à vingt-deux degrés pendant les nuits; cependant on y ressent souvent les nuits plus fraîches qu'ailleurs, principalement depuis Novembre jusqu'en Juin.

La plaine du Port-à-Piment est exposée à des sécheresses qu'on ne connoît point ailleurs : les anciens habitans m'ont assuré qu'on y avoit éprouvé un sec de trois années consécutives qui fit périr tous les animaux. De mil sept cent soixante-dix-neuf à quatre vingt, il se passa aussi dix-huit mois sans pluie. Ce qui rend encore ce sol plus aride, c'est qu'on n'y a jamais vu ni rosée, ni serein : j'ai exposé de l'alkali fixe du tartre à l'air libre pendant plusieurs nuits, il n'est point tombé en deliquium. Des feuilles de papier à lettres que j'y avois exposées de même, n'ont pas pris la moindre humidité, car j'écrivis dessus, au soleil levant, avec autant de facilité que si elles fûssent sorties du lieu le plus sec. Je pense que la cause de ce phénomène doit être attribuée à la raréfraction considérable de l'air occasionée par la grande chaleur de ce sol pierreux, & qui ne fournit aucunes vapeurs. Celles qui s'élevent de la mer & qui sont poussées par le vent au-dessus de cette plaine, y rencontrent un air trop chaud pour s'y condenser, & se soutenant par cette raison à sept ou huit cents pieds de hauteur, elles arrivent au sommet des montages voisines, où elles produisent d'abondantes rosées.

La saison des pluies dans ce quartier est celle des orages; c'est-à-dire, depuis le mois de Mai jusqu'à la fin de Septembre. L'hiver & le printemps y sont toujours très-secs, la brise y est assez régulière pendant neuf mois de l'année, ce qui tempère beaucoup la chaleur, mais depuis la fin de Novembre jusqu'au commencement de Mars, le vent de Nord-Est y est insupportable par la quantité de poussière blanche qu'il y élève, & qu'on est forcé d'avaler en respirant; malgré l'aridité du sol & le peu de pluie qui y tombe, on a établi dans cette plaine une très-grande quantité de harras & de hattes de bêtes à cornes & de chèvres. Dans le temps des orages & pendant l'Automne, les paturages sont abondants, & dans le reste de l'année les animaux mangent un vrai foin, très-fin & desséché sur pied. Aussi les animaux qui y paissent sont vifs & vigoureux, leur viande est de très-bon goût; le lait y est excellent & très-gras, les chevaux de ce quartier sont en général bien faits, robustes & très-vifs, mais difficiles à s'accoutumer à d'autres paturages, & point du tout dans les montagnes humides.

Le gibier est assez commun dans cette plaine, il consiste en pintades sauvages ou marronnes, cochons & cabrits marrons, ramiers, tourterelles & oiseaux aquatiques; la volaille & le poisson de mer y abondent & y sont à bas prix, à cause du peu de population de ce quartier. Outre le commerce des animaux qui y est considérable, il s'en fait un très-grand en sel qui se fabrique dans une anse appellée Coridon, sise au pied d'une montagne isolée au bord de la mer, vis-à-vis le Canton de Terre-Neuve.

On voit dans toute la plaine des compagnies nombreuses de

corneilles, semblables à celles d'Europe, & qui ont le même croassement, elles se nourrissent de fruits de différentes espèces, de torches & cardasses. Les rats & les chats marrons ont extrêment multiplié dans ce terrain, qui, au premier coup d'œil, paroît n'être propre à nourrir aucune espèce d'animal.

Les arbres & autres plantes sont rares dans cette vaste plaine; cependant un Botaniste peut s'y occuper pendant plusieurs semaines, mais il doit se pourvoir d'un guide, parce qu'il y a des milliers de sentiers faits par les animaux; si on vient à s'égarer, on court risque d'y passer plusieurs jours sans rencontrer aucun asile, ni homme qui remette dans le grand chemin; on y a trouvé quelque fois les cadavres de quelques malheureux qui avoient péri par la faim, la soif & la chaleur.

Les plantes les plus communes de ce désert sont les espèces très-multipliées de cactes, surtout celles appellées trivialement pattes de tortue, les torches, cierges épineux, mariacoulis, têtes d'anglois, raquettes, chardons volans, &c. une variété de la sauge du Port-de-Paix, qui a les feuilles d'un verd tendre, oblongues, terminées en pointe, plus molles & d'une odeur moins agréable; la poinciade épineuse, le franchipanier blanc, (*plumeria alba*,) le pudique ou vierge, mais qui différe de celui de Caraçao, en ce que le limbe de la fleur du nôtre s'ouvre. Beaucoup d'espèces de gras-de-gale à cœur noir ou marbré, le *coccoloba*, ou raisinier à feuilles rondes, incorruptible; une espèce de latanier à pétioles, armé de piquants très-durs, courts, recourbés en enbas & en dents de scie; le gommier (*burseria*) avec une de ses variétés, dont la gomme est beaucoup plus aromatique & plus difficile à dissoudre.

L'Euphorbia thytimaloïdes y est abondant en approchant du pied des montagnes, où il y a un peu de terre végétale &

plus de fraîcheur ; les espèces de *loranthus*, trivialement guì, y sont communes sur tous les arbrisseaux, mais particulièrement sur les gayacs, & le *coccoloba* ; le long des rives de la Petite-Rivière qui vient de Terre-Neuve, on trouve le *bignonia arbor*, chêne du pays ; le bois de savanne franc, le monbain, (*spondias*), le gros mancenillier, (*hypomane*), le *helicteres* à fruit en cordes, le *boccania* ou grand éclair du pays, le *rauvolfia*, le *tabernemontana*, le *calaba* ou bois mari ; le *sapium* ou bois d'anon, la *Tournefortia*, ou liane à chique ; la liane oseille, ou *cissus acida*, plusieurs espèces de *capparis*, la rhubarbe du pays, ou *morinda royoc*, le *comocladia*, le paletuvier gris, le *bromelia karatas*, le pitte ; les diverses espèces d'*epidendrum*, sont les plantes les plus communes, après les cactes. On y voit aussi plusieurs espèces d'aristoloches & de grenadille, ou *passiflora*, le *datura stramonium*, ou pomme épineuse, &c. &c.

Le physicien naturaliste qui parcourt cette vaste & brûlante solitude est agréablement surpris, lorsqu'en arrivant par la route d'Ouest, où il a fait six lieues sans trouver un arbre propre à l'ombrager, ni une goutte d'eau pour appaiser sa soif pressante, il rencontre des sources abondantes d'Eaux Thermales, mais fort fraîches, à cent pas de l'endroit où elles paroissent sur la surface de la terre. J'en vais donner l'histoire & l'analyse

HISTOIRE

Et analyse des Eaux Thermales du Port-à-Piment, avec la description de leurs bâtimens, faites sur les lieux au mois d'Octobre 1785.

AU centre de ce quartier, à deux lieues du bord de la mer, au penchant d'un tertre ou mornet qui s'élève d'environ soixante pieds au-dessus du niveau du sol de la plaine, & environné de ravines de douze à quinze pieds de profondeur, se trouve un marécage d'une terre extrêmement noire, d'une très-forte odeur de foie de souffre, & d'une chaleur très-différente de la terre voisine. En fouillant à un pied ou à dix-huit pouces de profondeur, il se manifeste à l'instant une source d'Eau Thermale; quoique ces Eaux soient probablement très-anciennes, il n'y a cependant que soixante ans qu'elles sont connues.

En mil sept cent vingt-cinq, un Nègre nommé *Capoua*, Esclave & hattier du Sieur Leclerc de Morainville, Habitant du Quartier du Gros-Morne, parcourant à cheval les savannes du Port-à-Piment, pour rassembler les animaux de son maître, & traversant le lieu où sont les sources, qui alors ne paroissoient point à la surface de la terre, se trouva arrêté tout à coup; son cheval fut tellement embourbé que tous ses efforts furent inutiles pour le dégager. *Capoua* fut obligé de l'abandonner & d'aller chercher du secours pour le tirer de ce bourbier, qui ne lui avoit paru qu'une terre noire, fangeuse. Ce Nègre fut stupéfait, quand, après la sortie de son cheval, il s'apperçut que dans les cavités qu'avoient faites les pieds de cet animal il se rassembloit une eau fort chaude. Il se rappella à l'instant d'avoir ouï dire à son maître qu'il y avoit en Europe des eaux chaudes dont on se servoit en boisson & en bains pour guérir un grand nombre de maladies, & se persuada que celles-ci pouvoient avoir la même propriété; il se proposa d'en faire secrétement l'épreuve sur un de ses camarades qui habitoit avec lui, & qui étoit perclus des pieds & des jambes, par un ancien rhumatisme. Il fouilla dans cet endroit même une fosse de six pieds de long sur quatre de large, & à l'aide de quelques morceaux de bois, il fit un bain qu'il couvrit en forme d'ajoupa ou petite hutte; il y transporta son malade, auquel il fit prendre deux bains par jour. Au douzième bain le pauvre perclus se trouva soulagé, & au bout d'un mois il fut parfaitement guéri. Le succès de ce premier essai l'engagea à en faire un second avant de publier sa découverte. Il connoissoit un Nègre abandonné chez un Habitant de Jean-Rabel, où il avoit été plusieurs fois, il prétexta des affaires pour s'y rendre, & l'habitant lui fit abandon de ce Nègre, qui ne lui étoit plus d'aucune utilité. *Capoua* le fit porter en hamac à la source, le logea dans la cabanne du premier, & le mit à l'usage des bains selon sa méthode. Ce malade, absolument privé de l'usage de tous ses membres, commença à les remuer au bout de trois semaines, & dans l'espace de trois mois il fut radicalement guéri. *Capoua* eut la générosité de le remettre à son maître, celui-ci ne voulut pas l'accepter, mais il fut obligé de céder aux instances du Nègre. Ces deux cures merveilleuses furent bientôt publiées; les Eaux Thermales du Port-à-Piment furent connues, il y accourut des malades de toutes parts, les cures s'y multiplièrent, & leur réputation s'accrut de jour en jour,

On voyoit une multitude d'inscriptions sur les arbres d'alentour où pendoient les béquilles des malades qui s'en retournoient guéris. Alors on étoit obligé de fouiller une fosse particulière pour servir de bain à chaque malade & de faire construire en arrivant une petite cabanne pour se loger, on y apportoit les vivres de première nécessité, parce qu'on ne trouvoit là que du gibier.

Les choses restèrent ainsi jusqu'en mil sept cent soixante-treize. M. de Valliere, Gouverneur-Général & M. Vincent de Montarcher, Intendant de la Colonie, rendirent compte à M. de Boynes, alors Ministre de la Marine, de l'avantage qu'on procureroit à la Colonie & aux Troupes qui y servent, en formant un établissement commode dans cet endroit ; ils firent faire une analyse de ces Eaux, afin qu'on pût les comparer avec les Eaux Thermales d'Europe ; cette analyse fut faite en Août mil sept cent soixante-douze par M. Chattard, Apothicaire du Roi, au Cap-François, en présence de M. Polony, Docteur en Médecine.

Sa Majesté, informée des excellentes propriétés de ces Eaux Thermales, ordonna l'exécution des établissemens projetés. Les bâtimens furent commencés en mil sept cent soixante-treize & ils furent finis en mil sept cent soixante-dix-sept, sur les plans de M. le Chevalier Dancteville, Ingénieur du Corps-Royal du Génie, & Ingénieur du Roi au Môle Saint-Nicolas. Cinq Charpentiers Blancs & vingt-cinq Nègres ouvriers de l'atelier du Roi, y ont travaillé pendant près de cinq ans. L'Administration de Saint-Domingue témoigna la reconnoissance de la Colonie à M. de Boynes, en ordonnant que ce nouvel établissement porteroit le nom de ce Ministre, & nos Eaux Thermales se nomment depuis ce temps les Eaux de Boynes.

On sait que les premières occupations de l'Académie des Sciences furent de faire l'analyse des Eaux les plus renommées de la France ; ce fut M. Duclos qui eut le plus de part à ce travail & qui en publia un traité au nom de l'Académie, en mil six cent soixante-quinze. La Société Royale de Médecine a engagé les Médecins & tous les Chimistes à s'occuper de cet objet, (a) & on lui doit l'ouvrage précieux que M. Carrere vient de publier. (b) C'est pour suivre ces vues utiles & remplir le projet du Cercle des Philadelphes, dont j'ai l'honneur d'être Associé, que je donne l'histoire & l'analyse des Eaux de Boynes. Je n'ignorois pas que cette analyse avoit été faite, mais depuis treize ans il pouvoit y être arrivé quelques changemens ; on avoit suggéré que nos Eaux avoient beaucoup perdu de leur efficacité depuis qu'elles étoient renfermées dans de la maçonnerie ; j'ai répété cette analyse avec le plus grand soin, j'ai recueilli un grand nombre d'observations des cures qui y ont été faites, & j'ai la satisfaction de pouvoir annoncer & certifier à nos Colons qu'ils peuvent toujours compter de trouver dans nos Eaux le plus puissant remède contre les maladies qui les affligent le plus communément.

Les Eaux Minérales de Boynes sont de la classe de celles qu'on appelle Thermales ou chaudes, elles sont claires & limpides en tout temps, leur volume & leur degré de chaleur sont absolument invariables.

On a fouillé dans le bourbier noir dont j'ai parlé plus haut, des fosses de six pieds en carré & de deux pieds de profon-

---

(a) *V. Mémoires de chimie, par M. de* Fourcroi.

(b) *V. la table raison. des ouvrages qui ont été publiés sur les Eaux Minérales.*

deur, on a mis dans le fond des petits morceaux de pierre calcaire & on les a entourées de maçonnerie, sur laquelle on a formé un toit aussi de maçonnerie, & on a pratiqué sur un de ses côtés une ouverture ou regard.

Les sources ainsi établies sont au nombre de sept,

SAVOIR:

1. La source de Valliere, au 42° *du Thermomètre au mer-*
2. ..... de Montarcher, au 39 1-2 *cure, selon M. de Réau-*
3. ..... de Laferronnais, au 42 *mur.*
4. .... de Rameru, au 40
5. .... de Vaivre, au 42
6. .... de Dancteville, au 41 1-2
7. ...... des Dames, au 38

La première de ces sources a été dédiée à M. le Général.

La deuxième à M. l'Intendant, alors en exercice.

La troisième à M. le Commandant en second, qui a sollicité l'établissement.

La quatrième à M. de Rameru, Lieutenant de Roi à Saint-Marc, donateur du terrain.

La cinquième à M. de Vaivre, Intendant, dont la mémoire sera à jamais chère à la Colonie.

La sixième à l'Ingénieur qui a donné les plans des établissemens.

La septième enfin est dédiée au beau Sexe, à cause de ses propriétés particulières.

La source de Valliere est très-abondante, elle fournit à six bains de l'un des pavillons des bains publics & au bain des vapeurs.

La source de Montarcher est moins abondante, elle fournit aux bains des Soldats.

La source de Laferronnais est assez abondante, elle fournit aux bains publics du second pavillon.

Celle de Rameru n'est pas abondante, elle fournit au pavillon des bains des vapeurs.

La source de Dancteville est fort abondante, elle fournit au pavillon des bains des Pauvres.

Enfin celle des Dames est peu abondánte, elle ne fournit à aucun pavillon, faute de position convenable.

A la distance de dix ou douze pieds à l'Est de la source des Dames, est une ravine dans laquelle se trouve une petite marre d'eau provenante de l'écoulement des eaux pluviales qui filtrent à travers les pierres roulées depuis le pied des montagees. Cette eau qui n'est point du tout minérale, suit, comme toutes les eaux de ravines, la température de l'atmosphère, c'est cette prétendue source à laquelle on avoit donné le nom de M. de Malouet, alors Commissaire Ordonnateur au Cap, & qui avoit pris à cœur l'établissement d'un Hôpital à ces Eaux. Il seroit facile de lui dédier une nouvelle source d'Eau Minérale Thermale au-dessous de cette marre d'eau froide, & à un pied au plus de distance, il y en a une de même grandeur, c'est-à-dire, de deux pieds & demi de diamêtre, qui est à trois degrés de chaleur au-dessus de la première. C'est une filtration de la source des Dames, qui n'est qu'à environ douze pieds de là, & sur un sol plus élevé d'environ douze à quatorze pieds.

Toutes ces sources chaudes ont propablement la même origine. Elles ne différent en chaleur que par des causes locales, soit parcequ'elles sont plus éloignées les unes que les autres du lieu où elles sourdent, soit parceque quelques-unes traversent un sol moins épais, plus poreux à la superficie, & plus exposé à l'impression de l'air atmosphèrique. Avant que toutes ces sourlées ayent été fouillées & contenues dans des vaisseaux de maçonnerie, elles avoient leur écoulement par filtration au bas de la colline, ou elles se versoient dans la ravine qui est à l'Ouest. Il s'y est formé par une longue succession de temps, un banc considérable de marne grasse & onctueuse, dont les pauvres, les Soldats & les Nègres recouvrent leurs ulcères pour les faire plus vîte dessécher & cicatriser. C'est ainsi que font les malades qui prennent les Eaux de Plombieres en Lorraine, où il y a aussi une terre blanche & onctueuse au toucher comme du savon. Nous verrons par l'analyse de nos Eaux que cette qualité savonneuse provient de ce que l'Eau Minérale y a déposé de l'huile analogue à celle de pétrole qui, s'étant combinée avec la terre alkaline & l'argille, a produit une espèce de savon minéral.

On peut encore augmenter le nombre de ces sources, car outre plusieurs qui sont à découvert & qui portent le nom de bains de boues, on n'auroit qu'à fouiller en divers endroits où les animaux s'embourbent, & l'eau paroîtroit : on peut évaluer le volume d'Eau actuellement coulante à-peu-près a douze pouces d'Eau, c'est-à-dire, qu'en une minute elles peuvent fournir au moins cent soixante-huit pintes d'Eau par une ouverture circulaire & verticale d'un pouce de diamètre, dont le centre seroit distant de sept lignes de la surface de l'Eau.

Toutes ces sources sont fort près les unes des autres & ont naturellement leur cours du Nord-Est au Sud-Ouest.

Il s'éléve souvent de dessus ces Eaux, le matin avant le lever du soleil, & le soir après son coucher, une vapeur qui répand à environ une demi-lieue à l'entour, une odeur hépatique plus ou moins forte, selon que l'air atmosphérique est plus ou moins condensé.

Quand on sent de près un verre d'Eau actuellement puisée dans une des sources, cette odeur frappe plus vivement l'odorat; elle se dissipe à mesure que l'Eau se refroidit en s'éloignant de la source par une rigolle exposée à l'air libre; il en est de même de celle qu'on laisse réfroidir dans des jarres, pour la consommation de la table; après dix à douze heures, elle conserve à peine une odeur différente de celle de l'eau ordinaire; transportée dans des vases bien bouchés, elle perd aussi son odeur après peu de jours, mais réchauffée au bain marie, il s'en dégage alors une légére odeur sulfureuse, & elle a encore une qualité apéritive & désobstruante. Nos Eaux bues chaudes à la source ont une saveur analogue à leur odeur; elles ont un goût nidoreux, désagréable d'abord & auquel les malades ont peine à se faire pendant deux ou trois jours, mais ensuite ils s'y accoutument facilement, & enfin ils ont de la peine à se remettre à l'usage de l'eau commune. On sent au tact que ces Eaux sont savonneuses; elles rendent la peau douce & si sensible, qu'en plongeant ensuite les mains dans l'eau commune, on trouve celle-ci rude au toucher & les mains glissent bien plus difficilement l'une sur l'autre; c'est ce que j'ai expérimenté souvent tant à la source des Dames que dans la petite marre appellée source de Malouet : une feuille de plante quelconque jetée dans l'Eau au quarante - deuxième degré, s'y conserve avec toute sa fraîcheur, tandis qu'elle se fanne & qu'elle se mortifie à l'instant dans l'eau commune échauffée au même degré. Notre Eau Minérale reçue sur une écorchure, ou dans les yeux, n'y occasionne pas la moindre cuisson; bue à son plus haut degré de chaleur, elle n'occasionne pas la moindre incommodité dans la bouche, quoique ces Eaux soient de la limpidité & de la pellucidité la plus parfaite. Cependant on voit à leur surface, dans les petits bassins où elles sont renfermées, une pellicule ou crême d'un blanc sale, qui est du souffre combiné avec de la terre calcaire de la plus grande ténuité. Au-dessous de cette espèce de crême, on voit une couche très-mince d'une substance grasse, qui s'étend en filets comme une toile d'araignée & dans l'eau froide paroît une huile transparente, réfléchissant des couleurs d'iris, qui varient selon les positions de l'observateur. Les expériences dont je vais rendre compte m'ont démontré que c'étoit une huile minérale, analogue à celle de pétrole.

La pésanteur spécifique de nos Eaux comparée à celle de l'eau distillée, est comme douze est à treize & à celle de l'eau commune comme douze à douze & demi. Elles doivent le léger degré de pésanteur qu'elles ont de plus, aux minéraux qui s'y trouvent combinés.

Depuis que les sources sont enfermées d'une maçonnerie, & qu'elles coulent dans des canaux de conduite aussi de maçonnerie, elles ne déposent plus de cette boue noire que MM. Polony & Chattard ont soumise à l'analyse & qu'ils ont trouvée imprégnée des mêmes principes que les Eaux. Ces mêmes canaux & les bassins où tombent l'Eau des fontaines sont tapissés dans le fond d'une plante aquatique qui a été prise pour une glaire. C'est la *tremella palustris vulgari marinæ similis, sed minor & tenerior dillen.* mus. 2. 8 fig. 2, ou le *conserva gelatinosa omnium tenerrima & minima aquarum, limo innascent, rais syn. III. app. n° 477. dillen. mus. pag. 15e. sans fig.* M. Adanson, illustre Botan. de l'Acad. Royale des Sciences de Paris, dans ses familles des plantes, part. 11e. pag. 2 donne les caractères de cette plante. M. Springs-Feld, de l'Académie de Berlin, a fait en 1751 une très-savante dissertation sur la même plante, qu'il a rencontrée autour des Eaux les plus chaudes qu'il a examinées; il l'a designée sous le nom de *tremella thermalis gelatinosa reticulata substancia vesiculosa*. Mém. de l'Acad. de Berlin, année mil sept cent cinquante-deux. Presque tous les Auteurs ont attribué une qualité vulnéraire & dessicative à la poudre de cette plante desséchée au soleil.

On trouve dans les sources chaudes qui ne sont point closes & à l'origine de la rigole qui sert d'égout aux fontaines la *peripea palustris*. Elle est amère, purgative & très-bon vermifuge. Au-dessous l'Eau commence a être plus tiède, on voit une espèce de *bellis caule raccmoso*, dont le suc donne une couleur de verd foncé, puis se convertit en noir avec une superbe nuance de bleu. Dans la boue solide qui annonce l'Eau Thermale au-dessous, on trouve beaucoup de *Morinda royoc*, qui est d'une végétation très-vigoureuse. Tous les arbres qui se trouvent dans le petit espace que ces Eaux arrosent par filtration, sont du plus beau verd & végétant comme dans les meilleures terres.

EXPÉRIENCES

Par les Intermèdes Chymiques.

I.° j'ai versé dans un verre d'Eau Minérale quelques gouttes de teinture de tournesol, dont la couleur n'a souffert aucune altération, d'où j'ai conclu que cette Eau ne contenoit point d'acide développé qui auroit rougi cette teinture, j'ai plutôt soupçonné les Eaux alkalines, parce que celles-ci n'altèrent pas plus la teinture de tournesol que l'eau distillée.

2.° Pour m'assurer d'avantage que cette Eau Minérale ne contenoit pas d'acide développé, je l'ai essayée avec les alkalis fixes, & avec les volatils.

L'alkali du tartre & son deliquium, c'est-à-dire, l'huile de tartre par défaillance, ont produit un précipité blanc en petite quantité, dont une partie est restée adhérente aux parois du verre; & d'une extrême ténuité. Ce précipité desséché & essayé avec les acides minéraux, s'est totalement dissous, avec une vive effervescence; ce qui prouve que c'est une terre calcaire très-divisée.

L'alkali minéral ou natron, l'alkali volatil concret & le fluor ont aussi présenté le même phénomène, à quelques légères différences près : l'alkali volatil a moins précipité de cette terre calcaire que l'alkali minéral, & celui-ci moins que l'alkali du tartre.

Dans ces expériences avec les alkalis, je n'ai apperçu aucune effervescence, ce qui prouve complètement qu'il n'y a point d'acide à nud dans ces Eaux.

3.° L'essai avec l'alkali volatil n'a produit aucune couleur dans l'Eau Minérale; il l'a seulement troublée en blanc très-légérement, en formant le précipité dont je viens de parler; il n'auroit pas manqué d'y développer une couleur d'un beau bleu d'azur, si ces Eaux contenoient les moindres portions de cuivre en dissolution, puisqu'on ne connoît aucun agent chimique qui décèle le cuivre par-tout ou il se rencontre comme l'alkali volatil.

4.° J'ai plongé dans les sources une lame d'acier bien polie & l'y ai laissée pendant douze heures. Quand je l'ai retirée son poli n'avoit point été altéré, & il n'y avoit à sa surface aucune nuance de couleur étrangère à celle de l'acier poli. On sait que toute eau qui tient du cuivre en dissolution, dépose ce métal à la surface d'une lame de fer poli, qui alors prend une couleur rouge. Cet effet provient de ce que le cuivre qui neutralise l'acide vitriolique est à l'état de chaux dans la dissolution, & à mésure que cet acide porte son action sur le fer, la chaux de cuivre s'empare du phlogistique, principe de la métallité du fer & elle se revivifie en cuivre, en se déposant à la surface du fer; cette expérience

expérience prouve encore infailliblement, que nos Eaux ne sont point cémentatoires.

5.° Cette Eau Minérale ne fait point cailler le lait, soit qu'il soit mêlé avec elle avant d'être échauffé, soit qu'on mette de l'eau avec le lait, au commencement de son ébulition, ce qui prouve encore qu'elle ne contient point d'acide développé. On remarque au contraire que le lait coupé avec cette Eau ne se caille point aussi promptement que le lait pur; ceci m'a été confirmé par ceux qui résident là depuis long-temps. MM. Polony & Chattard ont essayé cette Eau avec le sirop de violette qui a pris une nuance sensible de verd, preuve certaine, qu'au lieu de contenir aucun acide surabondant, notre Eau est de nature alkaline.

6.° La même Eau essayée par les acides minéraux a donné les apparences d'une très-légère effervescence, & de très-peu de durée.

Ayant couvert de papier bleu un des verres dans lesquels je faisois cet essai, (c'étoit le mélange de l'acide nitreux) la teinture de tournesol a été légèrement rougie, la combinaison de cet acide avec la terre calcaire contenue dans l'Eau Minérale a créé de l'air, qui s'est dégagé sous la forme de petites bulles qui s'élévoient à la surface du verre. Ce phenomène de la production de l'air est dû au dégagement de l'acide phosphorique, partie intégrante de la terre calcaire, & de sa combinaison avec l'eau & le phlogistique fourni par l'acide nitreux; cet air se mêle bien vîte à celui de l'atmosphère, tandis que les mixtes qui se dégagent, étant plus pésants que lui, le déplacent & souvent le décomposent. Le mixte salin volatil qui est le résultat de ce beau phénomène, est ce que le Docteur Priestceley & ses Disciples nomment air fixe.

Les acides minéraux n'ont produit aucun précipité dans l'Eau minérale, mais ils ont très-sensiblement développé & augmenté son odeur de foie de souffre, qui s'est totalement dissipée un instant après, en laissant cette Eau aussi inodore que si elle eut été distillée.

La présence d'un alkali ou terre calcaire dans notre Eau Minérale a encore été démontrée par le précipité noirâtre qui s'est formé dans un verre de cette Eau, par l'addition de quelques gouttes de dissolution de sel de saturne dans l'eau distillée. Ce précipité noirâtre est dû à la décomposition du sel neutre métallique, opérée par la terre calcaire, qui s'est combinée avec l'acide du vinaigre & a précipité sa base (le plomb) qui, se combinant elle-même avec le phlogistique, la terre absorbante & le souffre contenu dans l'Eau Minérale, se revivifie & forme une espèce de plomb minéralisé.

7.° La poudre de noix de gale & son infusion, les balaustes, le coquelicot & le thé, n'ont pris dans l'Eau Minérale d'autre teinte que celle que l'eau distillée a coutume de produire avec ces ingrédiens infusés, ces substances n'ont donné aucun indice de la présence du fer dans notre Eau Thermale, quoique la superficie de la terre où se trouvent les sources annonce évidemment, par sa couleur d'un noir foncé, que ces Eaux tiennent ce métal en dissolution. Cette couleur noire se fait remarquer même dans les endroits où il ne paroît pas de plantes, ou arbres, qui, par la décomposition spontanée de leurs feuilles, ayent pu donner cette couleur à la terre. Il paroît, il est vrai, qu'autre fois il y a eu des végétaux dans cette terre, puisquelle a l'air d'une tourbe fibreuse.

8.° Pour mieux m'assurer si nos Eaux Thermales contenoient ou non du vitriol martial en dissolution, j'ai employé le procédé indiqué par les plus habiles Chimistes modernes, qui est de verser quatre à cinq gouttes d'alkali Prussien saturé, c'est-à-dire d'une dissolution d'un sel neutre formé par l'acide animal & l'alkali fixe, ou enfin, comme le nomment très-improprement la plupart des Chymistes, d'alkali phlogistiqué, ou encore alkali savonneux de Geoffroi, sur un verre d'Eau Minérale, qui au bout de quatre jours, n'ont donné aucun précipité sous la forme de bleu de Prusse, mais elles ont un peu troublé l'Eau en lui donnant une couleur de lie de vin.

Cette expérience semble démontrer qu'il n'y a pas de Mars dans notre Eau Minérale ; je n'ose pourtant avancer cette assertion ; si j'eusse eu des vaisseaux convenables, j'aurois distillé le résidu de l'évaporation, aprés les diverses cristalisations, avec le sel ammoniac, & j'aurois eu un essai de plus pour me fixer là dessus. Je soupçonne que le fer que cette Eau Minérale contient y est combiné de manière à ne pouvoir être manifesté par les expériences précédentes, peut-être à cause de la matière grasse minérale ou l'huile de pétrole qui paroît à la superficie de cette Eau, & qui empêche les agens chymiques que j'ai employés, d'avoir pris sur la petite portion de fer qui peut y être contenue.

9.° Six gouttes de dissolution de sublimé corrosif mêlées avec un verre d'Eau Minérale, y ont formé un léger nuage blanc provenant de la dissolution de la terre calcaire par l'excés d'acide marin contenu dans le sublimé corrosif ; cette terre extrêmement attenuée ne s'est point précipitée, mais elle s'est fixée aux parois du verre.

Il s'est en même temps formé à la superficie de l'Eau une crême huileuse, d'une si grande ténuité que je n'ai pu la saisir pour la soumettre aux épreuves. Je soupçonne qu'elle est due à la combinaison du mercure avec l'huile bitumineuse qui surnage toujours l'eau ; ce qui est pour moi une espèce de démonstration, c'est qu'ayant fait évaporer ce verre d'eau, & le sediment ayant été mis sur un charbon ardent, il s'est enflammé sur le champ, en répandant une légère odeur combinée de pétrole & d'acide marin.

10.° J'ai versé douze gouttes de dissolution d'argent de coupelle dans l'acide nitreux, précipité dans un verre d'Eau Minérale, qui dans l'instant s'est troublée en blanc ; dans l'espace de cinq heures, il s'est fait un précipité, partie en poudre & partie en caillé, d'un violet foncé. Ce précipité lavé & mis au feu dans un fragment de matras, une partie, (au moins les trois quarts) s'est convertie en lune cornée très-transparente ; ceci donne certainement à connoître l'existence de l'acide du sel marin dans ces Eaux, l'autre partie y est restée fixe sans changer, & annonce la présence d'un alkali ou d'une terre alkaline.

11.° Pour m'assurer plus complètement de l'existence de l'acide marin dans notre Eau Minérale, j'ai versé soixante gouttes de la même dissoluton d'argent dans seize onces de cette Eau Thermale, actuellement prise à la source ; après que le précipité a été bien fait & desseché, je l'ai mêlé avec de l'æthiops minéral, j'ai mis ce mélange au feu dans une phiole, & il s'y est fait un sublimé corrosif dont j'ai fait dissoudre très-parfaitement une partie dans l'esprit de vin.

J'ai fait dissoudre l'autre partie de ce sublimé corrosif dans de l'eau distilée, & j'ai partagé cette dissolution dans deux verres, dans l'un j'ai mis un peu d'alkali du tartre, qui a coloré la dissolution en rouge orangé ; j'ai versé dans le second verre six gouttes d'esprit volatil de sel ammoniac, qui a fait cailler la dissolution en blanc bleuâtre. Ceci prouve que le résultat de cette onzième expérience est bien exactement du sublimé corrosif, cela prouve encore incontestablement qu'il y a de l'acide marin dans ce précipité, fait par la dissolution d'argent.

12.° Pour reconnoître quelle base se substitueroit à l'argent pour neutraliser l'acide nitreux, j'ai fait évaporer à siccité l'Eau Minérale qui avoit fourni le précipité de la onzième expérience, j'ai obtenu une cristalisation confuse, brillante, de couleur & odeur de souffre, & fort déliquescente. J'ai fait dissoudre cette masse saline dans de l'eau distillée, puis je l'ai filtrée & ensuite exposée à une évaporation insensible au soleil : la cristalisation m'a donné du nitre calcaire très-déliquescent, mis sur des charbons ardens il s'est fondu, s'est boursouflé & a fusé : ceci prouve que ce sel est à base de terre calcaire, & non pas de terre absorbante, car l'acide nitreux, neutralisé par cette dernière espèce de terre, n'est pas déliquescent & ne fuse pas sur les charbons ardens.

La présence du souffre, dans le résidu de la première évaporation, est sensible à la vue & à l'odorat, elle est démontrée par ses effets, car mis sur de l'argent, il le noircit dans un instant, exposé sur des charbons ardens, il s'en exhale sur le champ une odeur suffoquante d'acide sulphureux volatil, & répand dans l'obscurité une flamme bleuâtre.

13.° La dissolution de mercure faite par l'esprit de nitre a d'abord troublé en blanc notre Eau Minérale, & quatre heures après l'Eau est redevenue parfaitement limpide, il s'étoit fait un précipité d'un jaune très-foncé de blanc.

J'ai lavé ce précipité, puis je l'ai exposé sur le feu dans une capsule de verre, une partie a légèrement blanchi par cette calcination, mais l'autre partie a acquis une couleur presque orangée, j'ai de nouveau lavé ce précipité calciné avec de l'eau distillée bouillante, qui est devenue jaune.

Ces épreuves annoncent la présence de l'acide vitriolique dans nos Eaux Thermales. Cet acide fait précipiter le mercure en *turbith minéral*, parceque l'acide vitriolique plus pésant que l'acide nitreux, chasse celui-ci de sa base, se substitue à sa place, forme un nouveau sel neutre métallique, couleur de jonquille, qu'on nomme *turbith minéral*. La partie qui a acquis plus de blancheur par la calcination, n'est que de la terre calcaire qui se dissout parfaitement par tous les acides minéraux, & par l'acide végétal.

14.° Une preuve encore plus complète de la présence de l'acide vitriolique dans l'Eau Minérale, c'est qu'en versant quelques gouttes d'huile de tartre par défaillance dans l'eau distillée qui a servi à laver ce précipité jaune, aussitôt le mercure qui servoit de base à ce sel neutre métallique en est separé, se revivifie, & reparoît sous une forme pulvérulente, dans laquelle, à la faveur d'une bonne loupe, on distingue les globules de mercure, l'acide vitriolique se combine à l'instant avec l'alkali fixe, & forme du vrai tartre vitriolé qui, lorsqu'il y a une parfaite saturation, cristalise sous sa forme particulière en prismes à six pans, terminés par deux pyramides hexaèdres, dont les plans sont triangulaires. C'est aussi la cristalisation du quartz pur, ou du cristal de roche, mais je n'ai pas obtenu cette forme régulière, je n'ai eu que des prismes capillaires, longs & aigus; preuve qu'il y avoit excès d'acide, & que je n'avois pas mêlé assez d'alkali fixe: ces cristaux exposés au feu y ont décrépité, & se sont brisés.

15.° MM. Polony & Chattard ont introduit du sel marin, décrépité dans le précipité jaune, formé par l'eau mercurielle, ils ont mis ce mélange dans une cornue de verre au feu de sable, il s'est sublimé au col de la cornue du *mercure doux*, ils ont fait dissoudre dans l'eau distillée la masse qui étoit restée au fond de la cornue, après avoir filtré cette dissolution, ils l'ont exposée à la cristalisation, qui leur a fourni de vrai sel de Glaubert, d'une cristalisation irrégulière, qu'on nomme improprement sel d'Epsom. (a) Cette expérience prouve qu'il existe dans notre Eau de l'alkali minéral ou natron.

16.° J'ai essayé notre Eau Minérale avec la dissolution de vitriol de mars, ou couperose verte, & de vitriol de cuivre, qui ont été décomposés à l'instant, parceque l'acide vitriolique a abandonné sa base métallique pour s'emparer de la terre calcaire, ou alkaline, contenue dans cette eau.

17.° Quoique le souffre paroisse évidemment, tant à la superficie de nos Eaux, en crême assez épaisse, composée de souffre combiné avec une terre calcaire très-fine que dans le précipité de ces mêmes Eaux, mais sur-tout sur la plante aquatique *Tremella* que j'ai désignée ci-devant, j'ai encore voulu manifester sa présence en exposant une pièce d'argent à la va-

---

(c) *C'est une erreur de la plupart des Chymistes, d'avoir confondu, jusqu'à ces derniers temps, le sel de Glaubert, le sel d'Epsom & le sel de Sedltz, & d'avoir prétendu qu'ils ne différoient entr'eux que par une cristalisation plus ou moins exacte.*

L'illustre M. Sage, démontre dans ses Cours que le sel de Glaubert a pour base l'alkali minéral, & que la base du véritable sel d'Epsom & celui de Sedlitz, est une terre semblable à celles qu'on trouve dans les stéalites & dans quelques espèces de serpentine, & qui a les plus grands rapports avec la terre du zinc. C'est cette même terre qui constitue la manganese, ou savon des verriers.

peur de cette crême & du précipité poussés au feu dans un fragment de matras, l'argent a noirci presque instantanément ; une autre pièce d'argent que j'avois plongée dans la boue des sources non fermées, & au fond des bassins, a été entièrement noircie au bout de dix jours.

18.° L'expérience qui m'intéressoit beaucoup tendoit à m'assurer de la qualité de ce que les Chymistes, qui avoient fait avant moi l'analyse de nos Eaux, ont nommé une légère pellicule très-fine, comme d'une huile très-légère qui la couvre, (cette eau) variée par des couleurs d'arc-en-ciel & que j'avois soupçonné dès mon premier voyage au Port-à-Piment, être une huile de pétrole fort rare & très-atténuée.

A l'aide de coton bien peigné & tiré j'ai recueilli une très-petite quantité de cette huile ; à l'instant j'en ai imbibé un morceau de papier à lettre qui est devenu transparent comme s'il étoit huilé à l'ordinaire, mais bientôt après le pétrole s'est évaporé & le papier est revenu dans son état naturel, l'encre a pris sur cet endroit comme sur le reste qui n'avoit pas été imbibé de cette huile, sans contracter la moindre tache, ce qui indique que cette substance huileuse est du pétrole pur & volatil (a).

Ayant mêlé une goutte de cette huile avec de l'esprit de vin très-rectifié, elle ne s'est pas mêlée avec lui, quoique je l'aye laissée plusieurs jours en digestion, nouvelle preuve que cette huile est de la nature de celle de pétrole ; elle est si difficile à saisir que je n'ai pu m'en procurer assez pour la soumettre à d'autres essais ; elle ne paroît avec ses couleurs d'iris que quand l'eau commence à se refroidir dans les vaisseaux où on la reçoit pour les bains ; mais en l'examinant bien dans les petits bassins qui contiennent

(a) *M. Gauché a envoyé au Cercle deux échantillons d'asphattes qu'il a trouvés près des Eaux Minérales.*

les sources chaudes, on l'apperçoit qui s'étend en filets très longs, à la manière d'une goutte de pétrole, versée dans l'eau commune chaude.

ÉVAPORATION.

Quoique le résultat des expériences dont je viens de rendre compte, ait été suffisant pour me faire connoître évidemment les mixtes qui entrent dans la composition des Eaux Minérales de Boynes, je les ai soumises à l'évaporation en grand, afin de pouvoir obtenir un dépôt assez volumineux pour permettre de le décomposer facilement & de plusieurs manières.

Pour cela j'ai mis à évaporer dans de grands vaisseaux, à l'air libre, cent vingt-six pintes de notre Eau Minérale : le temps étoit très-sec & très-venteux.

A mesure que l'évaporation s'est faite, l'espèce de crême composée de souffre très-divisé & combiné avec une terre calcaire, d'une extrême ténuité, a augmenté au point d'être très-sensible à la vue & même au tact, sans cependant troubler la limpidité de l'eau ; mais en augmentant en solidité, sa pésanteur spécifique dévenoit proportionnelle, & la faisoit précipiter par parcelles au fond de l'eau.

L'intensité de l'odeur du foie de souffre augmentoit en raison de la diminution du volume de l'eau par l'évaporation ; cette Eau rapprochée à environ le tiers de son premier volume a acquis une légère odeur lixivielle & de goût salé.

Alors j'ai répété sur l'eau ainsi concentrée, tous les essais par les agens chymiques déjà employés, & j'en ai obtenu les mêmes résultats ; seulement les précipités se sont faits plus promptement & d'une manière plus décidée.

L'Eau Minérale exposée à la cristalisation m'a donné un dépôt blanc, informe, d'un goût fortement salé & dans lequel on voyoit à œil nud dans le contour des vases où s'étoit fait l'évaporation, des cristaux cubiques de sel marin, la loupe me faisoit appercevoir des sels brillans à travers la masse de ce dépôt, mais sans distinction de forme géométrique.

J'ai versé sur une partie de ce dépôt trois gouttes d'huile blanche de vitriol, il s'est fait à l'instant une très-vive effervescence, & il s'est dégagé de l'esprit de sel très-pénétrant, sous la forme de vapeurs blanchâtres.

Une partie de ce dépôt calcinée jusqu'à blancheur parfaite, a donné une masse saline extrêmement avide d'humidité, car exposée à l'air libre du Port-à-Piment, qui, comme je l'ai dit, ne donne point de serein & ne fait point tomber en deliquium l'alkali fixe du tartre. Elle s'est presque instantanément & sensiblement humectée, ce qui prouve de nouveau & solidement la présence d'un sel marin à base de terre calcaire, qui tombé en deliquium, produit ce qu'on nomme en *chymie huile de chaux*.

Les acides nitreux & marin versés successivement sur une partie de ce dépôt de l'évaporation, n'en ont dégagé aucune vapeur; ils ne pouvoient exalter l'odeur du foie de souffre déjà détruite par la calcination. Ces acides ont excité une vive effervescence avec les alkalis & la terre calcaire contenus dans cette masse.

Une autre partie de ce même dépôt dissoute dans l'eau distillée, puis filtrée & évaporée lentement, a produit des cristaux cubiques de sel marin.

Après cette cristalisation franche & rigoureuse, l'eau de la même dissolution essayée avec quelques gouttes d'huile blanche de vitriol, a donné, par une évaporation insensible, des petits cristaux de sel de Glaubert, qui prouvent incontestablement l'existence de l'alkali minéral ou natron dans nos Eaux Thermales, j'ai bien reconnu ce sel à sa forme & à sa saveur, mais ses cristaux étant petits & presque ressemblant à ceux du sel de Sedlitz, je les ai essayés par l'alkali fixe, qui ne leur a pas fait éprouver la moindre altération, ce qui démontre que c'est du sel de Glaubert, car si c'étoit du sel de Sedlitz, ce même alkali l'auroit décomposé & auroit précipité sa terre.

Enfin, ayant soumis une partie de ce dépôt calciné à l'épreuve d'un barreau bien aimanté, j'ai remarqué que quelques petits corpuscules blancs se sont élancés à ce barreau, ce qui annonce qu'il n'y a qu'une infiniment petite quantité de fer contenue dans ces eaux. Ces atômes de fer ont paru sous cette couleur, parcequ'ils sont environnés d'une terre calcaire extrêmement divisée.

Il est à présumer que les intermèdes chymiques n'ont pu développer & rendre visible cette très-petite quantite de fer, parce que ce métal est enveloppé dans une huile minérale, combinée avec les autres mixtes dans nos Eaux Thermales. Sans doute cette huile est tenue en dissolution par un sel alkali. J'aurois pu, comme MM. Polony & Chattard, avoir recours à la distillation, pour confirmer ce que les expériences précédentes m'avoient déjà découvert. Mais, comme l'ont très-bien dit ces Chymistes & les Maîtres de l'art, la distillation, quoiqu'employée de tout temps pour l'analyse des Eaux Minérales, n'augmente pas plus nos connoissances à cet égard que ne fait une simple évaporation conduite avec soin, c'est pourquoi je me suis dispensé d'y avoir recours, j'ai mieux aimé m'instruire de leur efficacité par leurs effets consignés dans les observations que j'ai pu me procurer.

Il résulte, des essais faits sur les Eaux de boynes, tant par les agens chymiques que par une lente évaporation, qu'elles contiennent, 1.° de l'alkali minéral ou natron surabondant, 2.° du souffre naturel & non décomposé, 3.° du foie de souffre, 4.° du marin à base d'alkali minéral, 5.° du sel marin calcaire, c'est-à-dire, à base de terre calcaire, 6.° du sel de Glaubert, 7.° une terre calcaire combinée avec de l'argile très-blanche ou une marne très-divisée, 8.° une huile légère de la nature du pétrole, & une si petite portion de fer qu'on ne peut le manifester par les moyens ordinaires; 9.° enfin, une légère portion de terre absorbante.

J'ai soumis les Eaux de différentes sources aux mêmes essais, j'y ai reconnu la présence des mêmes mixtes, j'ai cependant observé qu'il y avoit quelque différence très-legère dans les proportions des mixtes, dans l'Eau de la source de la Feronnais, sur-tout dans la quantité du souffre qui y est moindre que dans les autres sources. On peut attribuer cette cause au sol qu'elle parcourt depuis la source commune jusqu'au lieu où elle est actuellement; tout cet espace a l'air d'une tourbière fibreuse. On sent ce terrain fléchir sous ses pieds quand on l'en frappe brusquement. Son mouvement se fait ressentir à dix ou douze pieds à la ronde, & on trouve à sa surface du souffre naturel, extrêmement pulvérulent, & du natron tombé en efflorence, parmi laquelle on apperçoit de temps en temps des cristaux brillans d'une nouvelle formation. Plusieurs personnes prennent cet alkali minéral pour du nitre ou salpêtre, mais ce n'est que la base de ce sel neutre, je m'en suis assuré par le procédé suivant: j'ai pris de la terre à la superficie de laquelle se trouve ce sel, je l'ai lessivée dans de l'eau distillée, j'en ai fait faire l'évaporation au soleil, & j'ai obtenu un sel dont la cristalisation étoit semblable à celle de la soude. J'ai versé sur ces cristaux trois gouttes d'esprit de nitre, qui ont produit la plus vive effervescence, ce qui prouve d'abord que ce sel est un alkali & non un sel neutre ; j'ai ensuite continué de verser des gouttes d'esprit de nitre jusqu'à parfaite saturation. La cristalisation opérée m'a montré de beaux cristaux de nitre ou salpètre, en petits prismes hexaèdres. Je pense que cet alkali minéral & le souffre sont retenus en filtrant à travers une terre plus compacte, & c'est ce qui occasionne le déficit dans la source de la Ferronnais.

Quant à la prétendue source de Malouet, il n'est pas étonnant que MM. Polony & Chattard l'ayent trouvée plus chargée de souffre & de sel marin que les sources minérales. C'est comme je l'ai déja dit, une très-petite marre de deux pieds & demi de diamètre, dans le lit d'une ravine assez profonde, elle n'existe que par une très-foible filtration des eaux pluviales, sa recette est presque toujours égale à la dépense faite par évaporation. Pendant les orages fréquens, la ravine coule & emporte toute la prétendue Eau Minérale ; elle reprend peu de jours après l'apparence d'Eau Minérale, parce que du haut du côté droit de la ravine, il y a une légère filtration de la source des Dames, qui forme aussi une marre de la même grandeur que la première, qui n'en est séparée que par une racine de figuier du pays : elles se communiquent par filtration. Sur cette racine il se dépose du souffre & du sel marin, qui s'y accumulent insensiblement, parce que ces mixtes ne sont pas susceptibles d'évaporation comme l'eau ; on ne doit pas comprendre l'eau de cette ravine au nombre des sources minérales.

Comme M. de Malouet est un des Officiers de l'Administration qui a montré le plus de zèle pour cet utile établissement,

& que l'on vouloit y éterniser sa bienfaisance, on a donné son nom à une des sources.

La source des Dames qui est la moins chaude, au 38e degré, parce qu'elle est beaucoup plus éloignée du réservoir commun dans la terre, est cependant imprégnée des mêmes substances minérales que les autres ; il m'a pourtant paru qu'il y avoit quelque légère différence dans les proportions. Elle contient moins de souffre & moins de terre calcaire, elle produit des cures étonnantes dans les maladies particulières au Sexe, j'en ai vu le détail dans un journal d'observations, rédigé par M. de Lamarque, ancien Chirurgien-Major & Entrepreneur de cet Hôpital, il a eu l'honnêteté de me fournir tous les secours & les renseignemens dont j'avois besoin pour faire une description exacte de ces lieux. Douze années d'expérience dans l'endroit, lui ont permis de faire des observations suivies, tant sur la qualité de ces eaux que sur leur efficacité ; on m'a aussi communiqué les observations faites par feu M. Courrege, Chirurgien, qui a résidé pendant plusieurs années aux Eaux de Boynes, & qui les a administrées sagement & heureusement aux malades qui logeoient chez lui. Ces observations ne font que confirmer les premières. Ce sera d'après les cures consignées dans ces journaux, & non d'après des oui-dire populaires, que j'indiquerai les vertus médicinales des Eaux de Boynes.

Elles sont spécifiques pour guérir l'hydropisie qui n'est point à son dernier période ; elles guérissent radicalement les rhumatismes, la sciatique, la goute, la paralisie, les douleurs à la suite des entorses, fractures, & luxations, le relâchement du genre nerveux, les obstructions des viscères du bas ventre, les enflures & douleurs dans les membres ; les écrouelles & les ulcères scrophuleux les plus anciens, les dartres vives & rongeantes & généralement toutes les maladies cutannées, les divers symptomes & douleurs scorbutiques, les fièvres les plus invétérées, l'apoplexie, les fausses ankiloses, les suppressions des régles & les fleurs blanches, les ulcères les plus sanieux, les caries des os, en en procurant l'exfoliation ; les tumeurs dures des corps caverneux, les ulcères à la suite des grandes blessures & brûlures ; les tumeurs skirreuses, la pulmonie, l'asthme, la cachéxie, la diarrhée invétérée.

J'ai oublié de rapporter en son lieu une observation d'Histoire Naturelle sur nos Eaux Minérales. C'est que la terre calcaire dont elles sont imprégnées, incruste les extrémités des tuyaux des fontaines & les racines de figuier du pays qui s'insinuent dans leur maçonnerie ; l'eau qui rejaillit de dessus la pierre qui la reçoit, contre le pied droit de la chûte d'eau, incruste aussi le ciment qui recouvre cette maçonnerie ; cette incrustation est blanche, aussi dure & presque aussi sonore que le marbre le plus dur, on ne s'est jamais apperçu que cela ait produit aucun mauvais effet sur l'économie animale. On voit aux Eaux des personnes qui n'en boivent pas d'autre depuis plus de soixante-dix ans & qui jouissent de la plus vigoureuse santé.

L'analyse faite par ordre du Gouvernement, en Août mil sept cent soixante-douze, a montré la plus exacte conformité entre les Eaux de boynes & celles de Barreges, puisqu'on les a trouvées imprégnées des mêmes principes, & à peu-près de la même température. On peut même avancer qu'elles sont analogues à la plupart des Eaux Thermales d'Europe, & qu'elles ont un avantage sur plusieurs d'entre elles qui ne contiennent point d'huile de Pétrole comme les nôtres, qui les rend plus efficaces contre beaucoup de maladies, telles que la goute, obstructions invétérées, ankiloses, &c. Les Auteurs de la première

analyse

analyse ont donc très-légitimement conclu qu'elles produiroient des effets très-salutaires sur les malades qui y auroient recours. L'expérience de cinquante ans, mais publiée seulement par un Public toujours avide du merveilleux, n'auroit pas suffi pour déterminer les Chefs de la Colonie à y faire construire aucune espèce de bâtimens propres à y recevoir des malades. Il falloit qu'une bonne analyse confirmât ce que les inscriptions sur les arbres des sources annonçoient de presque miraculeux, pour déterminer l'Administration à solliciter la construction d'un hôpital militaire.

Les personnes qui n'ont pas vu les établissemens faits aux Eaux de Boynes, ont toujours l'imagination frappée des obstacles qu'il falloit vaincre autrefois pour se procurer le secours de ces Eaux, situées au millieu d'un désert, où il falloit porter ses vivres, son lit, puis construire une hatte & se fouiller une fosse dans la boue pour servir de bain; c'est donc rendre service aux Colons éloignés que de leur donner une description succinte des bâtimens qu'une Administration bienfaisante (a) y a fait construire, & des secours en tout genre qu'on peut y recevoir.

En 1773, M. le Chevalier d'Ancteville, Ingénieur du Roi,

(a) *On conserve encore aux Eaux de Boynes une pierre sur laquelle est gravé ce qui suit :*

L'an 1772, M. de Rameru, Chevalier de l'Ordre Royal & Militaire de Saint-Louis, Lieutenant de Roi à Saint-Marc, propriétaire de cette source, en a fait cession au Roi. M. de Malouet, Commissaire de la Marine, Ordonnateur au Cap, en a proposé l'établissement. MM. le Vicomte de la Feronnais, Commandant, & de Montarcher, Intendant, l'ont ordonné. L'analyse de ces Eaux Minérales a été faite la même année par MM. Polony, Médecin, & Chattard, Apothicaire du Roi, & leurs propriétés salutaires publiées.

fut chargé des dispositions de ces bâtimens. Au nécessaire & à l'utile, il a su joindre l'agréable ; il a tiré parti d'un bouquet de bois isolé dans cette plaine stérile & arrosée par la filtration des Eaux Thermales, pour former en face des bâtimens une superbe promenade, composée de trois grandes allées parallèles aux établissemens, de cinq autres perpendiculaires aux premières. Celle du milieu aboutit à la cour des bâtimens, en face du portail de l'hôpital militaire, & par son extrémité inférieure forme la rue d'un petit bourg déjà en partie établi, & où l'on voit des maisons proprement construites & fort logeables. Cet habile Ingénieur a choisi le point de vue le plus varié & le plus étendu ; de l'hôpital on voit un espace immense de mer au Sud & à l'Ouest, on découvre une partie de la bande de l'Ouest, & au soleil couchant, quand le temps est serein, on distingue à la vue seule la bande du Sud.

Les bâtimens du Roi consistent en différentes maisons, entourées de planches de sapin, qui ont chacune leur destination particulière. La principale, qui a cent-quarante pieds de longueur sur vingt-quatre de largeur, forme un hôpital propre à loger soixante malades. A une de ses extrémités Sud-Est, il y a un Autel & une petite sacristie ; il est orienté Nord-Ouest & Sud-Est dans sa longueur ; au Sud-Est de cet hôpital & parallèlement à une de ses extrémités, est un bâtiment de trente pieds de long sur vingt de large, divisé en deux chambres servant d'apothicairerie ; à l'extrémité Nord-Ouest & à la distance de vingt pieds, comme le bâtiment précédent, est une maison de cinquante pieds de long sur vingt de large, servant de cuisine & d'infirmerie. Ces trois bâtimens forment une belle cour particulière, entourée d'une claire-voie de lattes de sapin, pour s'opposer à la sortie nocturne des Soldats malades ; au Nord, sur l'alignement & à quarante pieds de l'infirmerie, est placée une autre maison de soixante pieds de long sur vingt de large, destinée au logement des Officiers qui vont prendre les Eaux. A une pareille distance & sur le même alignement est une autre maison de mêmes dimensions ; elle sert de logement à l'Entrepreneur. Au Nord de cette dernière, & à quarante pieds de distance, est placé un bâtiment servant de cuisine, boulangerie & magasin : au Sud & en face du logement des Officiers, est un bâtiment de quarante pieds de long sur vingt de large, destiné à loger le détachement des Troupes qui doit y résider pour la police de l'hôpital ; à environ soixante pieds de distance sur le même alignement & en face du logement de l'Entrepreneur est un bâtiment de soixante pieds de long sur vingt de large, divisé en deux corps de logis, l'un destiné à servir de logement à un Médecin, & l'autre à un Chirurgien. Chacun de ces logemens a sa cuisine particulière à quarante pieds de distance au Sud. Ce bâtiment est ombragé au Nord par une belle plantation de figuiers.

A l'Ouest, en face de l'hôpital, est placé un autre bâtiment où sont les bains des Soldats que l'on peut mettre à l'instant au degré de chaleur ordonné, par le moyen d'un réservoir plein d'Eau Minérale refroidie. A trente pieds de distance sur le même alignement est un bâtiment de soixante pieds de long sur vingt de large, divisé en deux corps de logis, l'un destiné à servir de logement à un Aumônier, & l'autre est occupé par l'Entrepreneur ; il y a entre ces deux maisons une grande allée d'arbres, perpendiculaire à la façade de l'hôpital, au bout de laquelle sont placés deux pavillons en quarré long, parallèles l'un à l'autre & distans de trente pieds l'un de l'autre, ils sont divisés chacun en huit cabinets bien entourés de planches, & garnis chacun de sa baignoire en ciment, il y a par conséquent seize cabinets de bains pour l'usage du Public ; à l'extrémité

Ouest de chaque pavillon on a construit en pierre de taille une fontaine qui coule à trois tuyaux pour la consommation domestique.

Au Nord des bains publics est un autre pavillon destiné au bain des vapeurs ; au Nord-Ouest de celui-ci est un bâtiment, dans lequel il y a six bains pour les pauvres & pour les Nègres ; enfin, au Sud-Ouest du logement du Médecin & du Chirurgien, on a construit un autre pavillon pour les douches.

Tout le vuide qui se trouve entre les bâtimens que je viens de désigner forme une belle place quarrée, environnée d'arbres en partie, ce qui joint à la grande allée, qui est dirigée du milieu de cette place jusqu'au bourg, distant d'environ cinq cents pieds, & aux autres allées collatérales, forme une promenade très-agréable, & si touffue qu'on n'y apperçoit pas un rayon de soleil, même en plein midi.

On a imité les charmilles des promenades d'Europe, en entourant les massifs de bois de haute futaie, formés par les coupures des allées, avec deux espèces de bois laiteux du pays, le *Tabernæmontana* & le *Rouvolfia*, dont la verdure & la floraison durent presque toute l'année ; ces arbrisseaux taillés produisent un effet charmant. La totalité de ces promenades contient environ deux carreaux de terre, ou sept arpens royaux, & la cour avec les bâtimens un carreau, ou trois arpens & demi : l'eau des deux fontaines se rend par deux rigoles le long de la grande avenue jusqu'au bourg ; là les particuliers en tirent par de petites saignées de quoi arroser de petits jardins où tous les légumes réussissent à souhait. On y voit des figuiers d'Europe d'une grosseur étonnante ; le raisin muscat y réussit à merveille & y est d'un goût exquis. Tous les établissemens faits aux frais du Roi ont été entourés de toutes parts pour les mettre à l'abri des incursions des animaux à l'abandon dans les hattes.

Le voyageur à cheval qui vient ici du Port-de-Paix passant par le haut moustique, (où l'on peut se rendre en chaise jusqu'à cinq lieues des Eaux) par la belle rivière & la plaine du Parc, se trouve sans cesse à l'ombre & dans l'eau ; s'il a besoin de rafraîchissemens, il les trouve dans toutes les habitations qui sont très-proches les unes des autres. On peut s'y rendre aussi par la bande d'Ouest du haut Moustique, d'où l'on entre dans le Nord-Ouest des savannes brûlées du Port-à-Piment, là on est obligé de parcourir sept lieues sans trouver une habitation, une goutte d'eau, ni une feuille pour s'ombrager. Ces sept lieues sont dans un superbe chemin de chaise, mais sans issue du côté du Moustique, où le chemin de voiture est aisé à faire. Il n'y a que trois lieues à exécuter pour joindre celui du Port-de-Paix ; de ce dernier endroit aux Eaux de Boynes, il y a quatorze lieues, qu'on pourra faire en voiture quand il plaira au Gouvernement. Le chemin des Gonaïves aux Eaux est en partie fait pour la voiture, mais le débouché du côté des Gonaïves reste à exécuter, & c'est le plus difficile : les malades sont obligés de s'embarquer là, d'où ils se rendent en peu d'heures au Port-à-Piment ; de ce port ils arrivent aux Eaux, soit en chaise, soit en hamacs. Le Public a l'obligation des chemins qui sont faits dans ce quartier, au zèle de feu M. Braban, Commandant des Milices du Port-à-Piment. Il a d'ailleurs rendu une multitude de services aux Colons de tous les quartiers, ce qui le fera regretter long-temps.

Aussitôt que tous les établissemens furent exécutés, on vit quantité de malades accourir de toutes parts à ces Eaux salutaires, qui s'en retournoient en chantant leurs louanges, & engageoient leurs proches & leurs amis valétudinaires à recourir promptement à ce souverain remède, présenté par la nature ; l'Entrepreneur ne pouvoit plus loger ceux qui se présentoient, & les maisons du petit bourg étoient pleines ; on y construisit d'autres maisons qui furent à l'instant occupées.

Il ne suffit pas toujours, comme beaucoup de Colons le croient, d'user des Eaux Thermales en boisson & en bains d'une manière indifférente : les bains se prennent plus ou moins chauds, selon l'état du malade. La disposition de l'estomac est aussi la règle qu'on doit suivre pour la quantité de la boisson. La plupart des malades boivent dans le principe une bouteille & demie ou deux bouteilles par jour, & en ressentent un effet légèrement purgatif ; quelques-uns, au contraire, éprouvent un effet constipatif. Dans les premiers jours qu'on en fait usage, on se sent dans une grande agitation, & la transpiration augmente prodigieusement.

Les personnes dont le genre nerveux est irritable, & dont la fibre est tendue, doivent couper ces Eaux avec le lait pour en faciliter le passage par les premières voies, parceque le lait, par sa partie grasse, diminue l'activité des sels neutres dont nos eaux sont imprégnées. C'est ordinairement à la pointe du jour & à jeûn qu'on boit les Eaux Minérales, & ensuite on prend autant d'exercice modéré que les forces le permettent.

Les bains des Eaux Thermales procurent une sueur abondante, que l'eau commune, échauffée au même degré, ne peut exciter ; si les bains sont trop chauds, le malade ressent un mal-aise général qui lui deviendroit nuisible, si l'on n'avoit soin de le retirer promptement du bain. Alors on l'enveloppe d'un drap, on le couvre bien dans un lit qu'on porte exprès dans le cabinet du bain, on le laisse suer pendant trente ou trente-cinq minutes, on l'essuie ensuite ; on diminue les couvertures, après quoi il reste encore une demi-heure dans son lit, puis il prend un bouillon & il se lève.

Les autres manières d'user efficacement des Eaux de Boynes sont les douches, les bains de vapeurs ou étuves, les fomentations, les lotions & les injections ; la douche opère des cures étonnantes lorsqu'elle est employée à propos dans les ankiloses, dans les douleurs des articulations, en y établissant le mouvement pour humecter & ramollir les tendons desséchés, pour établir une louable supuration dans les vieux ulcères, en fondant leurs bords calleux ; enfin, en redonnant du ton, de la force & de l'élasticité aux parties affoiblies.

****
****
******
****
**
*

N° 8.

OBSERVATIONS

Sur les effets des Eaux de Boynes dans plusieurs espèces de maladie, faites en 1786, par M. Gauché, Inspecteur de ces Eaux & Associé Colonial du Cercle des Philadelphes.

PREMIÈRE OBSERVATION.

LE *douze Mai 1786*, Madame P . . . . de la B . . . attaquée d'une hémiplégie du côté droit, avec crispation de nerfs de la main droite, avoit fait usage pendant deux ans des Eaux Thermales de Bourbonne-les-Bains, en France, pour cette paralysie qui lui est survenue à la suite d'une chûte de cheval : la malade arrivée ici le vingt Avril, a d'abord pris les bains tempérés, ensuite elle les a pris plus chauds, en augmentant par degrés jusqu'au trente-cinquième, qu'elle a continué pendant quelque temps ; elle a encore usé de bains plus chauds pour se préparer à prendre les boues, qui sont au quarante-deuxième degré. Cette Dame, qui étoit venue ici par le conseil de M. Poloni, Médecin du Cap, se purgeoit de huit jours en huit iours avec des pillules que ce Médecin lui avoit données avant son départ ; dès qu'il a été possible de se procurer du lait, Madame la B . . . l'a pris pour toute nourriture, & pour sa boisson du lait coupé avec l'Eau Minérale ; cette Dame a fait usage des bains, des boues & des douches avec courage, & a suivi un régime très-exact ; elle est partie d'ici le 10 Septembre, ayant les nerfs de la main droite encore crispés, mais elle a eu la satisfaction de récupérer l'usage facile de la parole, & la force de la jambe droite, ce qui l'a faite marcher aussi vigoureusement qu'avant son accident.

II. OBSERVATION.

Le 9 Juillet de la même année, M. de L . . . . . ancien Chirurgien-Major du Régiment de Picardie, exerçant son art à l'Artibonite, & Habitant du même quartier, est arrivé ici pour s'y rétablir d'une douleur & grande foiblesse qu'il ressentoit dans la partie inférieure de la cuisse gauche, où il s'étoit donné par accident un coup de sabre, appelé dans le pays manchette, qui lui avoit coupé transversalement les muscles cruraux. M. de L . . . . s'étoit procuré une cicatrice parfaite par les règles de son art, mais il lui étoit resté dans la partie blessée une déperdition de substance assez considérable, avec une grande foiblesse qui l'empêchoit de faire librement ses exercices, & sur-tout de monter à cheval; au bout de trois semaines de l'usage des Eaux en boisson, bains & douches, la foiblesse a disparu, & le malade, très-excellent Écuyer, monta à cheval avec autant d'agilité qu'avant son accident.

III. OBSERVATION.

Le fils de M. G . . . . Habitant de l'Artibonite, âgé d'environ dix ans, avoit au cou des glandes douloureuses, qui ont d'abord augmenté par l'usage des Eaux en boisson, parceque ce régime a donné un plus grand mouvement & une raréfaction au sang & aux humeurs, ensuite ces Eaux ont agi par leur qualité fondante, & ont insensiblement diminué les glandes de cet enfant; elles ont suppuré & parfaitement cicatrisé.

IV. OBSERVATION.

Le 12 du même mois, le Sieur Jean-Baptiste P . . . . Corse, marin de profession, arriva ici avec des symptômes bien caractérisés de grosse vérole ; il souffroit le soir & pendant toute la nuit des douleurs de tête si violentes, qu'il se persuadoit qu'il avoit un abcès au cerveau, & demandoit en grace qu'on le trépanât : l'usage des Eaux, des purgatifs réitérés, & de la décoction de la Lobélia syphillitica l'ont radicalement guéri en trente jours.

V. OBSERVATION.

Le 16, le Sieur R . . . . . natif de Marseille, ancien Économe, s'est présenté ici pour y recevoir des secours contre des ulcères carcinomateux, dont trois au bras droit & un considérable sur la rotule du genou gauche. Cette maladie étoit ancienne, provenoit du vice des humeurs, & étoit entretenue par la mal-propreté & le mauvais régime auxquels ce malheureux étoit abandonné, par le défaut de facultés. J'ai employé le kinkina indigène pour nettoyer ses ulcères, je l'ai purgé plusieurs fois, je lui ai fait faire usage des Eaux en boisson & en bains, & voyant qu'il étoit menacé de différentes éruptions, j'ai associé à l'usage des Eaux celui d'une tisanne sudorifique, faite avec le gayac saint ou blanc & le spécifique anti-syphillitique, c'est-à-dire, la décoction de la Lobélia syphillitica ; ce pauvre malade a récupéré l'usage de ses membres & une santé vigoureuse.

VI. OBSERVATION.

Le 10 Septembre de la même année, M. L . . . Habitant de la Paroisse du Gros-Morne, est arrivé ici en hamac, ne pouvant être transporté ni en voiture ni à cheval. Ce malade étoit attaqué de vives douleurs rhumatismales depuis quinze ans, il y avoit huit ans que la transpiration étoit supprimée chez lui, il étoit obligé d'avoir des réchauds pleins de charbons allumés soit à table, soit sous le hamac où il étoit couché la plupart du temps, ses pieds & ses jambes étoient œdémateux & douloureux. Outre toutes ces incommodités, ce malade a encore le malheur d'être aveugle. Après l'avoir préparé & purgé convenablement, je l'ai mis à l'usage des Eaux, qui lui ont été si favorables, que dès le quatrième jour il a commencé à marcher sans le secours de ses béquilles, & à l'aide d'un seul bâton. Au bout de 17 jours, ne sentant plus aucunes douleurs, il voulut partir, malgré les conseils que je lui donnois de rester un mois de plus, pour ne pas s'exposer à une rechûte qui renouvellera ses douleurs, & le forcera à venir faire une station beaucoup plus longue en Mars ou en Avril.

VII. OBSERVATION.

Le 21 du même mois, M. La . . . M . . . Capitaine de Milices, Habitant de la Paroisse des Verettes, étoit incommodé d'une dartre miliaire qui le couvroit de la nuque aux talons : ce malade, âgé de plus de soixante ans, tendoit à l'ascite, par suite d'une dissolution occasionnée par les remèdes mercuriels qu'on lui avoit prodigués, avant d'avoir combattu chez lui le vice scorbutique qui dominoit. Il avoit non-seulement les jambes œdémateuses, mais le visage étoit bouffi, & il y avoit un épanchement déjà assez considérable dans le bas-ventre ; ce qu'il y avoit de plus inquiétant, c'est que, malgré ces symptômes, le malade étoit épuisé par des sueurs continuelles, si abondantes qu'il étoit obligé de changer de chemise 50 à 60 fois par 24 heures. Quoique l'estomac fît mal ses fonctions, ce malade avoit un très-grand appétit, ce qui me détermina à le mettre au lait pour toute nourriture; il en consommoit cinq pintes par jour, ce qui équivaut à huit ou dix pintes de lait d'un autre quartier, à cause de la qualité extrêmement nourrissante qu'a celui du Port-à-Piment. A l'usage des Eaux en boisson & en bains, je joignis les anti-scorbutiques, & quelques dépuratifs; & au bout de deux mois, M. M..... eut la peau parfaitement nette, & jouissoit d'une santé excellente.

VIII OBSERVATION.

Le 26 Octobre, le Sieur D..... a D. d. l. C. d. P. au P. a été accablé d'une maladie nerveuse & de dartres érésipélateuses. Outre ces éruptions, ce malade avoit plusieurs taches rouges qui ont d'abord pris de l'intensité & se sont de plus en plus manifestées par l'usage des bains; il souffroit des douleurs violentes à la plante des pieds, avoit les pieds, les jambes, les mains & une partie de l'avant-bras paralysés dans la peau seulement qui étoit devenue d'une telle insensibilité, qu'on pouvoit la pincer & même la percer sans qu'il ressentît la moindre douleur. Les Médecins & Chirurgiens qui l'ont soigné jusqu'à présent, lui ont prodigué les frictions mercurielles & l'usage des sudorifiques, qui n'ont fait qu'aggraver ses maux. Il n'y a qu'un mois qu'il fait usage de nos Eaux en boisson, en bain & en douches, & il en a reçu un soulagement considérable.

IX. OBSERVATION.

M. D.... Habitant du quartier de l'Artibonite, & Ingénieur Hydraulicien, constructeur de moulins à sucre, est arrivé aux

Eaux de Boynes, attaqué d'une éruption syphilitique, qui le privoit du sommeil depuis long-temps, parce que ses douleurs augmentoient au soleil couchant, & devenoient insupportables dans le lit: il avoit les pieds enflés, & des ulcères très-fétides surtout aux oreilles & aux doigts des mains. Dans le second jour de l'usage des Eaux, ce malade a ressenti un grand soulagement, & a récupéré le sommeil; au bout de huit jours, les ulcères se sont cicatrisés, & dans un mois il a été très-bien rétabli.

X. OBSERVATION.

M. P...... F...... Habitant du quartier du Port-à-Piment, a été attaqué d'une affection scorbutique, pour laquelle il avoit pris avec succès, un an auparavant, les poudres de Castillon: il avoit les simptômes ordinaires du scorbut; & ne voulant pas lui laisser faire de progrès en respirant l'air humide de la montagne pendant la saison des nords, il s'est déterminé à venir prendre les Eaux pendant cette saison. Au bout de quinze jours, tous les simptômes ont disparu; il a récupéré un appétit qu'il n'avoit pas eu depuis long-temps, & il a pris de l'embonpoint & des couleurs, comme s'il arrivoit du nord de la France.

XI. OBSERVATION.

Le 22 Juillet, une Négresse âgée d'environ trente ans, appartenante à M. de V... Capitaine d'Artillerie, me fut amenée par son maître. Elle avoit, depuis quatre ans & demi, des douleurs vives dans différentes parties du thorax, & particulièrement une douleur fixe dans les nerfs intercostaux du côté droit. Cette maladie avoit commencé par un crachement de sang assez copieux. Elle avoit des paroxismes plus ou moins fréquens, pendant lesquels le pouls devenoit variable, & s'effaçoit quelquefois tout-à-fait dans le temps de ses crises. Ses règles paroissoient quelquefois deux ou trois fois dans un mois. Son maître avoit traité cette maladie pour une affection hystérique, & avoit prodigué l'émétique. Je lui ai administré les Eaux en boisson & en bains, je lui ai appliqué les vésicatoires avec le plus grand succès, ce qui m'a déterminé à lui ouvrir un cautère. Je lui ai ordonné de l'entretenir pendant plusieurs années, & elle est retournée bien rétablie chez son maître, un mois après.

XII. OBSERVATION.

Le 9 Juillet, Zéphire, Nègre Congo, âgé de vingt-deux ans, esclave de M. D.... dont on a ci-devant parlé, fut apporté du bord de la mer sur un cabrouet. Il y avoit près de deux ans que ce Nègre n'avoit pu rester debout. Sa maladie actuelle étoit la suite de plusieurs autres dont son maître m'a fait l'histoire. Ce Nègre tomba de cheval, il y a deux ans & demi, & fut blessé; on lui fit avaler du suc de calebasse, & on lui appliqua le marc sur la partie douloureuse; il se trouva soulagé au bout de quelque temps. Six mois après, ce nègre eut de fréquens accès de fièvre, à la suite desquels il se fit des éruptions sur différentes parties de son corps; il eut entre-autres des dartres rongeantes: on le mit à l'usage des poudres de Goderneau, & les dartres disparurent; mais il lui survint des douleurs vives aux lombes, & un long usage de tisanne de salsepareille & de l'alkali-volatil fluor qui lui furent administrés, ne lui firent éprouver que des soulagemens momentanés. Pendant cet intervalle trois côtes du côté gauche s'arquèrent considérablement, & produisirent le même effet sur l'épine du dos; les douleurs allèrent toujours en augmentant, & le malade, qui respiroit avec peine, ne pouvoit rester couché que sur le côté opposé. Il étoit dans le marasme quand il fut apporté ici, & je le logeai dans un des cabinets destinés aux bains. Il resta huit jours couché à côté de sa baignoire, dans laquelle on le mettoit aux heures que j'indiquai. Après ces huit premiers jours, il essaya de marcher à l'aide d'un bâton: au bout de la seconde semaine, il se promenoit partout, un bâton à la main. Je lui fis prendre les bains & les douches, & après en en avoir fait usage pendant trois mois, il a récupéré une santé assez robuste. Son maître a cru voir un ressuscité, quand ce Nègre s'est présenté à lui pour le servir.

XIII. OBSERVATION.

Un Nègre Congo, âgé d'environ 24 ans, ayant une exostose sur la partie moyenne du tibia, de la grosseur d'un œuf, a été guéri en deux mois par l'usage des Eaux.

XIV. OBSERVATION.

Un Nègre âgé d'environ quarante-huit ans, ayant une hémiplégie du côté droit, a été très-soulagé, & a récupéré un embonpoint étonnant, par l'usage de quatre mois de nos Eaux.

XV. OBSERVATION.

Un Nègre Congo, âgé d'environ quarante ans, qui avoit beaucoup de dartres & un rhumatisme dans la cuisse droite, qui le faisoit boiter, a été complétement guéri en trois mois.

XVI. OBSERVATION.

Un Nègre appartenant à M. G.... gérant l'habitation de M. de G.... aux Gonaïves, souffroit des douleurs aiguës dans les reins, les lombes & le long de l'épine dorsale. Il avoit l'estomac affoibli, & digéroit difficilement. Trois mois de l'usage des Eaux de Boynes, l'ont radicalement guéri.

XVII. OBSERVATION.

Un Nègre âgé d'environ trente-cinq ans, appartenant à M. D.... Habitant à l'Artibonite, avoit les jambes entièrement ulcérées depuis plusieurs années, & avoit été traité par plusieurs chirurgiens de son quartier, sans succès. Après avoir pris les bains & les boues pendant trois semaines, il a été parfaitement guéri.

XVIII. OBSERVATION.

Une Négresse âgée d'environ quarante-huit ans, appartenante à M. C..... Habitant des Gonaïves, avoit les jambes & les pieds couverts de dartres, pour lesquelles on avoit employé depuis long-temps tous les remèdes ordinaires. Un mois de l'usage de nos Eaux l'a parfaitement guéri.

XIX. OBSERVATION.

Une Négresse, âgée d'environ cinquante ans, avoit des ulcères fétides à la cuisse & à la jambe droite, avec une fistule au-dessus de la malléole interne. Elle avoit, depuis six ans, employé toutes les tisannes sudorifiques, & avoit reçu quarante frictions mercurielles. Un mois & demi de l'usage de nos Eaux en bains & bains dans les boues, a suffi pour lui rendre une parfaite santé.

XX. OBSERVATION.

Le 16 Août, un Nègre Nago, âgé d'environ trente-cinq ans, appartenant

appartenant au Sieur Joli, Pêcheur & Salinier de l'Artibonite, se rendit ici, en se traînant sur les mains; il étoit marron & avoit des ulcères très-profonds aux fesses, occasionnés par des milliers de vers qui se formoient des clapiers en remontant vers les reins; il avoit en outre le genou gauche très-enflé & douloureux, avec contraction des muscles de la jambe : son maître, averti que son esclave étoit aux Eaux, me pria de lui donner mes soins; les bains & les douches l'ont radicalement guéri en 17 jours.

XXI. OBSERVATION.

Le 18 Août, une Négresse, âgée d'environ 55 ans, appartenante à M. l'Écouflé, Habitant de la paroisse du Gros-Morne, étoit perclue de rhumatismes depuis plusieurs années: on avoit employé sans succès tous les bains aromatiques & autres usités sur les habitations: elle a été soulagée en 15 jours par l'usage des Eaux, & en six semaines elle a été complètement guérie.

XXII. OBSERVATION.

Le 29 Septembre, une Négresse, âgée d'environ 32 ans, appartenante à M. Hatrel, Commandant des Milices du quartier du Port-à-Piment, avoit une jambe prodigieusement grossie, & garnie d'une multitude de petites verrues ou de tubercules dont le nombre augmentoit tous les jours, en un mot cette espèce d'infirmité que les Nègres appellent grosses jambes, *ou pied botte.* Les Médecins & les Chirurgiens ne se sont point encore occupés de cette maladie particulière aux Nègres, & que l'on croit endémique de Guinée; les Nègres Créoles y sont également sujets, c'est peut-être une espèce de ladrerie *éléphantiasis*. Cette jambe est diminuée des trois quarts, les tubercules sont totalement disparus, la peau est lisse & la Négresse jouit de la meilleure santé, depuis deux mois environ qu'elle fait usage de nos Eaux; elle y est encore.

XXIII. OBSERVATION.

Lubin, grif, âgé d'environ vingt ans, appartenant à M. Grand Dutreuil, Habitant de l'Artibonite, avoit des crabes aux pieds qui l'empêchoient de marcher & de faire son service; les douleurs que cette incommodité lui faisoit éprouver l'avoient fait beaucoup maigrir: après 15 jours de l'usage des Eaux de Boynes, les crabes ont disparu, & le Griff a repris un embonpoint étonnant: il ne ressent pas la moindre douleur de ses anciennes crabes, & ses pieds sont totalement nétoyés.

XXIV. OBSERVATION.

Trois Négresses appartenantes au même Habitant (M. Dutreuil) l'une, âgée d'environ 28 ans, les deux autres de 15 à 17 ans, sont arrivées ici, avec le Griff qui fait le sujet de l'observation précédente, décidées écrouelleuses par des ulcères & des tumeurs qui augmentoient de jour en jour. La plus âgée avoit les tumeurs ulcérées, une toux sèche & vive avec difficulté de se coucher sur le côté gauche; l'usage des bains & des douches pendant un mois ont dissipé la plupart des symptômes scrophuleux, & ces trois malades sont à la veille de la cure radicale.

XXV. OBSERVATION.

Une Négresse Créole, âgée d'environ 14 ans, appartenante aussi à M. Grand Dutreuil, étoit accablée de douleurs rhumatismales, qui l'empêchoient de rendre aucun service à son maître ; un mois de l'usage des Eaux Thermales a suffi pour dissiper toutes ses douleurs ; elle en continue l'usage pour se fortifier seulement, elle a plus d'embonpoint qu'avant sa maladie.

SUITE

Des observations sur l'usage des Eaux Thermales de Boynes, dans le quartier du Port-à-Piment, par M. Gauché.

PREMIÈRE OBSERVATION.

Le 26 Octobre 1786, M..... Artiste & Habitant de l'Artibonite, âgé d'environ 48 ans, d'une constitution vigoureuse & d'un tempérament sanguin, étoit attaqué depuis long-temps d'une éruption scorbutique & syphillitique qui le privoit du sommeil; les jambes & les pieds étoient ulcérés, ainsi que les doigts des mains, & la sanie qui en sortoit étoit de la plus grande fétidité. Dès le second jour de l'usage des Eaux, ce malade ressentit un grand soulagement, & récupera le sommeil. Au bout de six jours, il marcha seul & sans autre remède que l'usage des Eaux en boisson, bains & douches, & quelques purgations ordinaires: il récupéra dans un mois une santé complète, dont il jouit jusqu'à présent.

II. OBSERVATION.

Le 27 Octobre, M..... Habitant de la paroisse du Port-de-Paix, âgé d'environ 36 ans, vigoureusement constitué, étoit incommodé d'une affection scorbutique. L'usage des poudres de M. Castillon avoit dissipé les principaux symptômes quelque temps auparavant ; mais se voyant menacé de nouveau, il ne voulut point s'exposer à passer la saison des Nords dans un air humide & froid. Il se mit à l'usage de nos Eaux. Au bout de quinze jours les symptômes étoient disparus, & il avoit récupéré l'appétit & beaucoup d'embonpoint. Il séjourna deux mois ici, & il en partit avec les couleurs d'un Habitant du Nord de la France.

III. OBSERVATION.

Du 23 Novembre. M. . . . . . Habitant de l'Artibonite vint ici pour dissiper une affection apoplectique dont il étoit ménacé, ayant déjà eu deux attaques. Il prit les Eaux pendant deux mois, & se trouva débarrassé des vertiges & autres symptômes qui l'inquiétoient. Étonné du prompt soulagement qu'il éprouvoit, & particulièrement des cures qu'il voyoit s'opérer sur un grand nombre de Nègres, cet Habitant, père d'une nombreuse famille, se détermina à aller chercher sa Dame & ses enfans, la plupart obstrués, ou incommodés d'une acrimonie dans les humeurs : toute cette famille resta ici deux mois, & y éprouva les effets les plus heureux de l'usage des Eaux.

IV. OBSERVATION.

Le 23 Novembre, M. . . . âgé de 17 ans, incommodé d'un écoulement gonorrhoïque, que les remèdes ordinaires n'avoient pu dissiper, fut guéri en six semaines par le seul usage des Eaux de Boynes en boisson & en bains.

V. OBSERVATION.

Du 23 Novembre. M..... Habitant de l'Artibonite, âgé de 40 ans, étoit travaillé par une ancienne fièvre qui ne lui laissoit point de repos, ni d'appétit. L'usage des Eaux de Boynes en boisson & en bains, pendant quinze jours seulement, dissipa la fièvre, rétablit l'appétit & la gaieté.

VI. OBSERVATION.

Le 23 Novembre, M... Habitant de l'Artibonite, âgé d'environ 30 ans, d'une constitution bilieuse, arriva ici attaqué d'une toux convulsive, occasionnée par une bile répandue & accablé de fièvre depuis plusieurs années, avec des obstructions considérables dans les viscères du bas ventre & particulièrement au foie. Il fut d'abord purgé avec le kermès minéral, & se mit de suite à l'usage des Eaux en boisson, bains & douches. Au bout de deux mois, ce malade ne toussoit presque plus, ses obstructions étoient dissipées, & il partit d'ici avec un embonpoint considérable.

VII. OBSERVATION.

Le 6 Décembre, M... âgé d'environ 38 ans, venoit d'essuyer plusieurs maladies qui avoient affoibli son estomac, & digéroit très-difficilement les alimens les plus légers. Il étoit en outre incommodé par beaucoup de carnosités. Ce malade ressentit d'abord les effets les plus heureux de l'usage de nos Eaux, tant qu'il n'en usa qu'avec modération, & ses carnosités se fondirent totalement; mais voulant brusquer; son tempérament bilieux-sanguin en fut tellement affecté, qu'il fut attaqué d'une fièvre assez forte qui le détermina à abandonner les Eaux.

VIII OBSERVATION.

Le 6 Décembre, Madame . . . Habitante . . . âgée d'environ 37 ans, avoit tous les viscères du bas ventre obstrués, & particulièrement la rate & le mésentère, depuis qu'elle étoit accouchée de l'aîné de ses enfans : elle étoit sujette à de fréquentes maladies, digéroit mal, & ne menoit qu'une vie douloureuse & languissante. L'usage des Eaux lui occasionna quelque révolution : elle fut attaquée d'une fièvre bilieuse avec fortes déjections, après quoi elle éprouva un soulagement notable. Il étoit à présumer que cette Dame auroit totalement récupéré la santé ici, si elle n'avoit été contrainte de s'en retourner, & si elle n'avoit été tourmentée par le chagrin que lui causoit la maladie de son mari, auquel elle est très-attachée.

Cette Dame avoit avec elle trois enfans, aussi attaqués d'obstructions : l'usage des Eaux leur ont procuré une très-bonne santé.

IX. OBSERVATION.

Le 6 Décembre, M. . . Habitant de l'Artibonite, amena ici un de ses fils, âgé de 4 ans, incommodé d'une atonie presque universelle, qui s'étoit développée avec intensité à la suite de la petite vérole par inoculation : il avoit la poitrine particulièrement affectée, & il étoit vraiment rachitique. Depuis deux ans il ne pouvoit ni marcher, ni se tenir debout : il ne pouvoit exister que couché, ou entre les bras de sa Négresse nourrice. Il étoit exténué par une multitude de remèdes qui lui avoient été administrés. L'usage des Eaux fit d'abord éprouver des crises qui menaçoient de l'emporter : il se forma un dépôt considérable à la tête, qui se termina par suppuration. L'usage des Eaux fit fondre & dissiper les divers engorgemens ; les forces revinrent peu-à-peu, il se tenoit debout seul, faisoit quelques pas dans la chambre, & enfin marchoit étant soutenu seulement du doigt de sa nourrice : il digéroit bien, reprenoit de l'embonpoint, & auroit radicalement guéri, s'il n'avoit été décidé qu'il devoit s'en retourner avec une personne à qui M. son père l'avoit confié, & qui ne pouvoit rester plus longtemps.

X. OBSERVATION.

Le 6 Décembre, M..... Officier au Régiment du Port-au-Prince, âgé d'environ 32 ans, d'un tempérament bilieux avoit essuyé une maladie longue & dangereuse à la suite de plusieurs excès qu'il avoit faits. Depuis deux ans il étoit tourmenté de la fièvre : il étoit obstrué, le foie étoit très-engorgé, & il avoit une bile répandue qui lui donnoit une teinte d'un jaune brun. Son estomac délabré, digéroit à peine les alimens les plus légers : après dix jours de séjour ici & de l'usage des Eaux, il se trouva débarrassé de la fièvre, l'appétit se rétablit avec la faculté de digérer : il se crut guéri. Il se permit des écarts dans le régime, prit des bains trop chauds, & enfin il fut attaqué d'une inflammation au foie, qui se termina par une ascite purulente, qui emporta le malade le 20 Février suivant : les remèdes indiqués n'eurent d'abord aucun succès, & le malade se refusa ensuite totalement à en prendre aucun, pour se livrer aux pratiques fanatiques du Magnétisme animal.

XI. OBSERVATION.

Le 8 Décembre, M. R..... Habitant de l'Artibonite, étoit très-incommodé d'une fièvre violente depuis plusieurs mois, il avoit une diarrhée bilieuse, des coliques violentes, une débilité d'estomac qui l'empêchoit de digérer les alimens. La rate, le foie & les autres viscères étoient obstrués, & rendoient son état très-douloureux; il trouva la santé dans l'usage de ces Eaux.

XII. OBSERVATION.

Le 8 Décembre, ce même Habitant avoit amené aux Eaux sa Dame & trois enfans, avec seize Nègres malades. Il leur en fit avaler en abondance, les fit baigner & doucher avec soin, & il parvint à leur procurer à tous un parfait rétablissement.

XIII. OBSERVATION.

Le 8 Décembre, Madame ..... Habitante de l'Artibonite, ayant déjà éprouvé ici un soulagement très-considérable contre les obstructions des viscères du bas ventre, & l'enflûre douloureuse d'une cuisse & d'une jambe, occasionnée par une suite de couches, est revenue prendre nos Eaux pour obtenir une cure complète contre ces incommodités. Elle a resté ici quatre mois & demi, & a repris non seulement beaucoup d'embonpoint & de belles couleurs, mais elle est partie jouissant de la santé la plus vigoureuse.

XIV. OBSERVATION.

Le 13 Décembre, Madame . . . Habitante de l'Artibonite, est venue ici pour récupérer la santé dont elle étoit privée depuis long-temps; son estomac étoit réduit à un état d'extrême débilité; il ne pouvoit rien digérer, & cette Dame avoit des envies continuelles de vomir. Elle amena avec elle trois enfans sujets à des fièvres continues, & incommodés d'obstructions. La mère & les enfans éprouvèrent un changement heureux & subit par l'usage des Eaux.

XV. OBSERVATION.

Le 21 Décembre. Le même jour arrivèrent deux autres Dames avec plusieurs enfans valétudinaires obstrués & sujets à des fièvres rebelles aux remèdes ordinaires. Un de ces enfans essuya même ici une maladie très-grave, dont il guérit heureusement ainsi que les autres.

XVI. OBSERVATION.

Le 21 Décembre, M. . . Habitant de l'Artibonite, qui avoit déjà fait usage de nos Eaux l'année dernière, y revint encore passer une partie de l'hiver. Il étoit toujours attaqué d'une pyurie, suite d'une syphillis confirmée & dont il n'a pu guérir, parce qu'à l'usage des Eaux il falloit employer le spécifique contre la maladie principale.

XVII. OBSERVATION.

Le 24 Décembre, M.... est venu aux Eaux, dans un état pitoyable : il avoit tous les viscères du bas ventre obstrués, une fistule au périnée & plusieurs dartres vives. La plupart de ces accidens étoient les suites d'une g...... mal traitée, ce qui lui avoit fait essuyer plusieurs traitemens qui lui avoient ruiné le tempérament ; l'usage seul des Eaux dissipa les obstructions & la plus grande partie de ses infirmités.

XVIII. OBSERVATION.

Le 25 Décembre, la nommée.... vint ici espérant que l'usage des Eaux la débarrasseroit des symptômes les plus violens d'une siphyllis confirmée : pour y parvenir, elle avoit fait usage des anti-vénériens connus, & en dernier lieu d'un rob vanté comme un spécifique préférable au mercure. Elle avoit la luette & les amygdales rongées de chancres, des pustules sur différentes parties du corps, & elle étoit dans un marasme complet, occasionné par la diète forcée par l'impossibilité d'avaler les alimens solides ; l'usage des Eaux lui procura une éruption assez considérable sur tout le corps ; je joignis les antisiphyllitiques à l'usage des Eaux, & les symptômes disparoissoient. Il lui survint une fièvre qui lui fit suspendre l'usage des remèdes, qu'elle n'a plus repris depuis : alors une partie des symptômes reparurent, parce que le vice n'étoit pas détruit.

XIX. OBSERVATION.

Le 5 Janvier 1787, M.... Habitant de la partie du Nord,

arriva ici pour rétablir sa santé ; il avoit l'estomac extrêmement affoibli, & les viscères du bas ventre étoient obstrués depuis beaucoup d'années. Il avoit une fièvre habituelle depuis long-temps aussi, ce qui l'avoit déterminé à aller en France chercher des secours contre ses maladies, en en détruisant la cause qui avoit été mal traitée en ce pays. L'air tempéré de la France avoit diminué ses maux, mais sa lymphe resta infectée. Il revint sur son habitation où il fut bientôt en proie à tous ses maux. Arrivé ici, il prit d'abord les Eaux avec précaution, & son estomac fit bientôt ses fonctions, les obstructions se dissipèrent, de sorte qu'au bout de deux mois il jouissoit d'une bonne santé. Il continua encore à prendre les Eaux, il changea de régime, & compta un peu trop sur ses forces. Il partit d'ici fort bien rétabli ; mais peu après son retour chez lui il fut de nouveau attaqué par la fièvre. (Il y avoit alors une épidémie dans son quartier) les viscères s'obstruèrent de nouveau, & j'ai appris qu'il étoit devenu hydropique.

XX. OBSERVATION.

Le 21 Janvier, M.... Habitant du Port-Margot, étoit attaqué depuis plusieurs années de douleurs rhumatismales, qui lui faisoient éprouver les plus vives douleurs, & le privoient de l'usage de ses pieds & de ses mains ; il avoit déjà fait usage de nos Eaux avec succès en 1786, & il revint cette année pour complèter sa cure. En effet, il partit d'ici le 12 Mars parfaitement rétabli.

XXI. OBSERVATION.

Le 13 Février, M.... Habitant des..... arriva ici attaqué du vice siphyllitique très-confirmé par des ulcères rebelles qu'il portoit au côté gauche depuis long-temps, & qui avoient résisté aux remèdes ordinaires, & par une g..... d'une malignité extraordinaire. L'usage des Eaux pendant deux mois & de quelques dépuratifs, fit cicatriser les ulcères, & il touchoit au moment d'une cure complète lorsqu'il partit d'ici.

XXII. OBSERVATION.

Le 13 Février, M... Habitant des Gonaïves arriva ici très-incommodé d'une hémiplégie du côté gauche. Au huitième bain, il éprouva un mieux être, & au douzième, il commença à porter la main à la bouche & même sur la tête. Il prit ensuite les douches & les boues jusqu'au commencement de Mai. Ce traitement procura au malade le jeu des parties paralisées & un peu de force, & il est parti avec l'espoir bien fondé de guérir entièrement par un second traitement.

XXIII. OBSERVATION.

Le 17 Février, M.... Habitant des Gonaïves, étoit tourmenté depuis près de cinq ans d'une maladie nerveuse dont les paroxismes étoient fréquens & douloureux. Il éprouvoit particulièrement de violentes douleurs de poitrine, des cardialgies & des pandiculations fréquentes. L'usage des Eaux en boisson, en bains & douches, aidé tantôt de quelques purgations, tantôt par la crême de tartre, ont parfaitement rétabli ce malade.

XXIV. OBSERVATION.

Le 2 Mars, M.... âgé d'environ trente ans, & d'une vigénéreuse constitution, arriva ici attaqué d'une maladie que Celse appelloit *formico ambulatoria* : il avoit employé tous les remèdes connus & tous les secrets. L'usage de nos Eaux lui procura un grand soulagement, & fit disparoître une grande partie de ses maux, mais il ne partit pas radicalement guéri : il est à présumer qu'un second traitement par nos Eaux le guériroit sûrement.

XXV. OBSERVATION.

Le 2 Mars, il arriva ici six Soldats du Régiment du Cap : l'un avoit les articulations des poignets ankilosées ; il ne guérit pas.

Un autre avoit une diarrhée scorbutique, ancienne & au dernier période ; il mourut.

Un autre avoit des obstructions depuis longtemps dans les viscères du bas ventre ; l'usage des Eaux les a en partie dissipées.

Deux autres, âgés d'environ 46 ans, étoient attaqués de douleurs rhumatismales ; l'un d'eux avoit en outre un panaris ; ils sont partis d'ici bien rétablis.

XXVI. OBSERVATION.

Le 12 Mars, Madame... Habitante de la partie du Sud, étoit attaquée de langueur, de foiblesse d'estomac, de migraine, &c. Elle avoit la circulation si difficile qu'elle éprouvoit un mal-aise, une espèce de maladie, à chaque fois qu'elle devoit avoir ses évacuations périodiques. L'usage des Eaux pendant deux mois lui a rendu une santé parfaite. M.... mari de cette Dame, étoit attaqué de foiblesses d'estomac & de difficultés de digérer que l'usage des Eaux a aussi totalement dissipées.

XXVII. OBSERVATION.

Le 12 Mars, Madame.... Habitante du même quartier, souffroit depuis longtemps des douleurs très-vives dans les reins qui l'incommodoient beaucoup. Elle a éprouvé un soulagement considérable après deux mois de l'usage de nos Eaux.

XXVIII. OBSERVATION.

Le 12 Mars, Madame .... Habitante du même quartier, avoit une foiblesse de vue considérable, & quelques douleurs rhumatismales. Les bains & les douches ont dissipé toutes ses incommodités, & elle est partie d'ici en très-bonne santé.

XXIX. OBSERVATION.

Le 12 Mars, M.... Habitant du même quartier, étoit fatigué depuis long-temps par des défaillances d'estomac, & par un défaut d'appétit; il est parti d'ici jouissant de la santé la plus vigoureuse.

XXX. OBSERVATION.

Le 18 Mars, Mademoiselle .... arriva ici se plaignant d'une douleur rhumatismale qui la tourmentoit depuis plusieurs années dans un genou. Elle fit usage des Eaux, en boisson, bains & douches, & n'éprouva qu'un léger soulagement.

XXXI. OBSERVATION.

Le 18 Mars, Madame ..... arriva ici dans un état de langueur extrême. Elle étoit attaquée depuis plusieurs années d'une maladie nerveuse, ou vaporeuse, qui la réduisoit souvent à un état désespéré : elle étoit d'ailleurs épuisée par les fleurs blanches. Ce qui ajoutoit à tous les maux de cette Dame étoit une prévention des plus opiniâtres en faveur des poudres d'Ailhaud. Au commencement de l'usage de nos Eaux, elles éprouva d'abord un changement des plus favorables, mais quelques jours après s'étant purgée & repurgée avec ce remède drastique, elle éprouva différens paroxismes de vapeurs qu'elle attribua à l'usage des Eaux, & se dispensa de les continuer

XXXII. OBSERVATION.

Le 18 Mars., M. ..... Habitant de la partie du Nord de cette Colonie, venoit d'essuyer une maladie longue, son estomac ne pouvoit digérer que peu d'alimens à la fois, & souvent avec douleur. Il avoit une éruption cutanée, espèce de gratelle, qui ne lui laissoit prendre de repos ni nuit, ni jour. Il fit usage de nos Eaux, & j'y joignis celui de notre quinquina en infusion; son estomac fut bientôt en état de digérer tous ses alimens, la gratelle disparut, le sommeil se rétablit, & le malade partit d'ici au bout de deux mois avec une parfaite santé & beaucoup d'embonpoint.

XXXIII. OBSERVATION.

Le 18 Mars, Madame .... Habitante de la partie du Nord, arriva

arriva ici accablée d'infirmités, elle étoit épuisée par une *leucorrhée* abondante, elle avoit en outre tous les viscères du bas ventre obstrués. Son estomac pouvoit à peine supporter quelques onces d'alimens ; cette Dame, jeune encore, est d'une patience étonnante dans ses maux, quoique de la plus grande sensibilité pour ceux des autres. Elle a fait usage pendant deux mois de nos Eaux, en boisson, bains & douches, & elle n'en a obtenu qu'un très-léger soulagement ; les obstructions avoient fait trop de progrès.

XXXIV. OBSERVATION.

Le 18 Mars, M..... Habitant aussi de la partie du Nord, étoit sujet à une affection apoplectique, & avoit une légère éruption herpétique. L'usage de nos Eaux, une saignée & quelques purgations lui furent très-favorables.

XXXV. OBSERVATION.

Le 20 Mars, il arriva ici dix Soldats du Régiment du Port-au-Prince, qui avoient séjourné long-temps à l'Hôpital Militaire de cette ville. Cinq étoient épuisés de diarrhée scorbutique ancienne ; l'un mourut le surlendemain de son arrivée, & deux autres périrent au bout de quelques semaines après ; deux guérirent radicalement par l'usage du suc d'une espèce de *Capparis*, & par l'infusion théiforme du bois de *l'amyris balsamifera*.

Les autres estropiés de coups de sabre ou de baïonnette, & qui avoient des contractures nerveuses, n'ont obtenu qu'un léger changement dans leur état.

XXXVI. OBSERVATION.

Le 25 Mars, M. . . . . . Habitant de la partie de l'Ouest vint ici pour consolider la cure d'une éruption herpétique qu'il combattoit depuis plusieurs années, tant ici qu'en France, par tous les moyens connus. Il m'assura qu'il devoit la dernière disparition de ces symptômes à l'usage du Rob anti-siphillitique. Il fit usage de nos Eaux pendant quarante jours, & il s'en retourna avec la santé la plus complète.

XXXVII. OBSERVATION.

Le 25 Mars, une personne âgée de 40 ans éprouvoit depuis long-temps un violent mal de tête, que l'usage des Eaux de Boynes en bains & douches, pendant 40 jours, a entièrement dissipé.

XXXVIII. OBSERVATION.

Le 3 Avril, Madame . . . . . est venue ici pour la seconde fois, pour y recevoir des secours contre une hémiplégie qui lui avoit laissé une crispation de nerfs complète à la main droite, elle n'a éprouvé à ce voyage aucun soulagement, parce qu'elle a été attaquée à plusieurs reprises d'une fièvre qui l'a empêché de prendre exactement les Eaux. Elle a été guérie de sa fièvre par l'usage de notre quinquina. M. son fils, qui se trouva ici attaqué de la fièvre dans le même temps, fut guéri de même en prenant de la même écorce.

XXXIX. OBSERVATION.

Le 10 Avril, M..... Habitant des Gonaïves, arriva ici avec les symptômes les plus singuliers de la maladie syphillitique & qu'il attribuoit à une cause toute différente ; son épiderme, & même sa peau, en plusieurs endroits, particulièrement au visage, au bas ventre & aux mains, étoit retirée, desséchée, & avoit l'air d'un parchemin couleur de basane : ses amis qui ne l'avoient pas vu depuis quelque temps ne le reconnoissoient plus ; ses yeux étoient presque fermés, & il voyoit difficilement. Au bout de quelques jours de l'usage de nos Eaux, il éprouva un soulagement considérable, & il y avoit tout lieu de croire qu'il auroit guéri radicalement, s'il avoit pu prendre sur lui de se soumettre à un régime, quoique facile, & à l'usage convenable des Eaux.

XL. OBSERVATION.

Le 25 Avril, M. ..... Habitant de la partie du Sud, arriva ici ; il avoit le corps couvert d'une éruption à la suite d'une maladie grave qu'il venoit d'essuyer. Il avoit tous les symptômes d'un scorbut confirmé. A l'usage exact de nos Eaux, il joignit un régime scrupuleux, & après trois mois, il partit d'ici en parfaite santé.

XLI. OBSERVATION.

Le 5 Mai, un homme d'environ 35 ans étoit incommodé d'une exostose au talon qui étoit enflé & très-douloureux, & l'empêchoit de vaquer à ses fonctions. Je lui fis faire usage de nos Eaux & j'ajoutai à ce régime des frictions locales de deux jours l'un, avec l'onguent napolitain, ce qui a dissipé l'exostose & les douleurs.

XLII. OBSERVATION.

Le 14 Mai, M...... Habitant de la Montagne de Jean-Rabel, arriva ici porté en hamac, parce qu'il ne pouvoit supporter le mouvement de la voiture, ni du cheval. Cet Habitant, âgé de 55 ans & arrivé de France seulement depuis 18 mois, fut tout à coup saisi d'un rhumatisme gouteux, en voyageant de nuit de son habitation au Port-de-Paix. La synovie des articulations du côté droit s'épaissit & il se forma des enkiloses au poignet & au genou. Ce malade fit usage de nos Eaux pendant deux mois, sans succès apparent : après ce temps il réforma son régime, que je jugeois contraire depuis son arrivée, & dans peu de temps il éprouva un bien-être après lequel il soupiroit depuis plusieurs mois. L'enkilose du poignet ne put se dissiper, elle étoit vraie ; celle du genou s'est fondue & ce malade marche aussi facilement qu'auparavant. Il partit d'ici à cheval, jouissant d'une parfaite santé.

XLIII. OBSERVATION.

Le 14 Mai, M...... Habitant de la partie du Nord, arriva ici très-incommodé. Il avoit les pieds & les mains tout ulcérés par une humeur âcre, & ne pouvoit reposer un instant. L'usage seul des Eaux en boisson, bains & douches l'a parfaitement rétabli en deux mois.

XLIV. OBSERVATION.

Le 14 Mai. M. ..... Habitant du même département, arriva ici pour y rétablir sa santé, épuisée par une longue maladie qu'il venoit d'essuyer. L'usage des Eaux en boisson, bains & douches, lui a rendu en deux mois une parfaite santé.

XLV. OBSERVATION.

Le 14 Mai. M. ..... Habitant de la partie du Sud, arriva ici se plaignant beaucoup de douleurs rhumatismales, ou plutôt syphillitiques. L'estomac de ce malade étoit particulièrement affecté, & faisoit peu ou point ses fonctions. Il éprouva d'abord du soulagement de l'usage des Eaux, mais le mauvais régime s'opposa à son rétablissement.

XLVI. OBSERVATION.

Le 21 Mai. Mademoiselle ..... Habitante du Gros-Morne, arriva ici souffrant depuis long-temps de violentes douleurs rhumatismales dans le col, les bras & les épaules. L'estomac étoit aussi affecté & digéroit à peine. L'usage de nos Eaux, continué pendant deux mois, lui a rendu le sommeil, l'appétit, l'embonpoint & une très-bonne santé.

XLVII. OBSERVATION.

Madame ..... sœur de la précédente, souffroit aussi depuis long-temps quelques douleurs rhumatismales : elle a également récupéré la santé ici en deux mois.

XLVIII. OBSERVATION.

Le 25 Mai. M. . . . . . Habitant de la partie de l'Ouest, vint aux Eaux pour y recevoir du soulagement & se débarrasser d'une maladie qui le tourmentoit & l'affligeoit. Il avoit la plante des pieds, & les paumes des mains profondément ulcérées de dartres syphillitiques, le chapelet étoit très-apparent & toute la tête étoit ulcérée de même. L'usage des Eaux & une tisanne dépurative ont fait disparoître tous ces symptômes.

XLIX. OBSERVATION.

Le 12 Juin. Madame . . . . . Habitante du quartier de Plaisance, arriva ici accablée de douleurs rhumatismales, contre lesquelles elle épuisoit depuis long-temps les remèdes les plus vantés. Elle étoit en outre très-fatiguée par des vents, ayant l'estomac débilité. Elle récupéra la santé la plus parfaite par l'usage de nos Eaux pendant deux mois.

L. OBSERVATION.

Le 1er. Juillet. M. . . . . . âgé de 28 à 30 ans, arriva ici perclus de presque tous ses membres & dans un marasme presque complet. Il souffroit sur-tout la nuit les douleurs les plus violentes d'une syphillis très-caractérisée. Il essaya l'usage des Eaux pendant six semaines, & n'en ayant éprouvé qu'un soulagement très-léger, il les abandonna.

LI. OBSERVATION.

Le 25 Août. Quatre Soldats du Régiment du Port-au-Prince

arrivèrent ici : le premier avoit une contracture de nerfs & une ankilose vraie au genou : il n'a point guéri.

Le second avoit une céphalalgie considérable à la suite d'un traitement antivénérien. Il a éprouvé un soulagement considérable. Le troisième avoit des dartres vives ; elles ont disparu par l'usage des Eaux & des dépuratifs. Le quatrième avoit une douleur considérable au bras droit, à la suite d'une blessure ; le bras étoit atrophié, il y avoit contracture de nerfs & ankilose vraie au coude ; il n'a point guéri.

LII. OBSERVATION.

Le 25 Août. M..... Habitant de ce quartier, vint prendre les Eaux pour se rétablir d'une extrême foiblesse où des fièvres continuelles le jetoient, & d'une acrimonie extraordinaire du sang, qui lui occasionna une éruption cutannée considérable. L'usage des Eaux & quelques boissons dépuratives l'ont parfaitement rétabli.

LIII. OBSERVATION.

Le 10 Septembre. M..... Habitant du quartier du Port-de-Paix, arriva ici attaqué de fièvre, d'obstructions à la rate & dans tous les viscères du bas ventre. Il prit les Eaux en boisson, bains & douches, avec un purgatif de huit jours à autres ; par ce moyen il a récupéré l'appétit, la transpiration, & un rétablissement complet.

LIV. OBSERVATION.

Le 26 Septembre. Un enfant de cinq ans, à qui on avoit déjà fait deux fois l'opération de la fistule à l'anus & qui étoit encore sujet à une *pyarie*, éprouva des effets admirables de l'usage de nos Eaux, en trois semaines seulement. Si ses parens eussent voulu l'y laisser séjourner un temps suffisant, on avoit lieu d'espérer sa guérison.

LV. OBSERVATION.

Le 22 Septembre. Le R. P... Missionnaire de cette Colonie, arriva ici attaqué d'une phthysie confirmée. Depuis 18 mois il avoit une toux violente, quelquefois convulsive, une fièvre hectique, une insomnie continuelle, occasionnée par la toux, & il dépérissoit à vue d'œil. Les crachats étoient abondants & pururens, mais non sanguinolens. Il avoit employé une multitude de remèdes, & en dernier lieu, on l'avoit mis pendant quatre mois à l'usage des hypontiques qui l'avoient jeté dans une stupeur presque générale. Comme je m'apperçus que les digestions se faisoient mal chez ce malade, je le purgeai plusieurs fois avec le kermès minéral, ensuite je le mis à l'usage de notre quinquina : alors l'appétit se rétablit & peu-à-peu le sommeil naturel revint ; il prit pendant près de six semaines de la décoction de balsamier, sans succès apparent. Je me déterminai alors à lui faire faire usage d'un remède dont l'activité se portât immédiatement sur le viscère malade ; je ne voyois que les fumigations humides capables de remplir cette indication, j'imaginai un appareil avec les instrumens qu'on peut trouver dans un lieu isolé & je mis dans la cafetière fumigatoire, les bourgeons & jeunes branches de balsamier hachés menus, les plantes aromatiques & vulnéraires abondantes ici, la thérébentine & son huile essentielle, & je faisois respirer cette vapeur à mon malade, pendant une bonne demi-heure, trois ou quatre fois par jour. Cette méthode a eu un succès assez heureux : la poitrine s'est débarrassée, les tubercules des poumons se sont détergés, l'expectoration est devenue d'abord plus abondante, ensuite elle s'est ralentie, la toux a diminué & presque cessé. Ce vénérable malade à passé plusieurs nuits dans un sommeil paisible. Il touchoit au moment de sa cure, lorsque des affaires indispensables de son ministère l'ont rappellé dans sa paroisse, & il vient de m'écrire que sa convalescence continuoit à être heureuse.

LVI. OBSERVATION.

Le 3 Octobre. Ce jour je reçus trois Soldats du Régiment du Port-au-Prince. Le premier âgé de 18 à 20 ans avoit une douleur occasionnée par une chûte sur le côté, ce qui le faisoit marcher tout incliné. Il a éprouvé un peu de soulagement.

Le second étoit tout œdémateux, ayant le teint jaune & plombé ; l'usage des Eaux & quelques purgatifs lui ont rendu une assez bonne santé.

Le troisième étoit un ancien Soldat de 32 ans de service ; il avoit plusieurs dartres qui ont résisté aux remèdes généraux. Les Eaux les ont fait disparoître.

LVII. OBSERVATION.

Le 3 Octobre. Madame .... du Port-de-Paix, arriva ici très-incommodée par des obstructions à la rate & dans les différens viscères du bas ventre ; elle étoit sujette à des fièvres lentes ; elle ne pouvoit digérer, & souffroit souvent de violens maux de tête : l'usage, pendant six semaines, de nos Eaux en boisson, bains & douches, lui a procuré une parfaite guérison.

LVIII. OBSERVATION.

Le 13 Octobre. M..... Habitant de la partie du Nord, arriva ici souffrant les douleurs les plus vives aux jambes, qui étoient enflammées, excoriées, & même ulcérées par des embrocations de dissolution mercurielle, qu'on lui avoit fait faire pour dissiper les douleurs & les exostoses des tibia. L'usage seul de nos Eaux, pendant six semaines, à suffi pour cicatriser ses ulcères & appaiser ses douleurs ; pour guérir radicalement il lui falloit un plus long séjour ici, & associer à l'usage de nos Eaux celui des anti-syphillitiques.

LIX. OBSERVATION.

Le 13 Octobre. M. B... arriva aux Eaux pour y obtenir la [illegible]ison d'une maladie cutanée très-considérable, qui l'affligeoit. [illegible]voit le bas ventre, les cuisses & les jambes couvertes de [illegible]tres très-vives & très-étendues. Depuis plusieurs mois il ne [illegible]posoit ni nuit ni jour, & il avoit épuisé toutes les recettes secrettes qu'on emploie en pareil cas. Cinq semaines de l'usage de nos Eaux, en boisson, bains & douches, aidé de la décoction dépurative de l'*Euphorbia tithymaloïdes*, l'ont parfaitement guéri.

LX. OBSERVATION.

Un pauvre Blanc, Charpentier de Marine de profession, âgé d'environ 35 ans, arriva ici dans les derniers degrés de la dissolution, & attaqué d'une hydropisie ascite des plus considérables. L'usage des Eaux lui fut contraire, la dissolution complète fut accélérée, & il mourut au bout de six semaines.

Je pourrois à ces soixante observations en ajouter plus de cent-trente autres, sur le produit de l'usage des Eaux de Boynes par les gens de couleur, & particulièrement les Nègres esclaves; mais je ne rapporterai que les plus frappantes & des réflexions générales sur les maladies auxquelles ces Eaux conviennent, & celles où elles paroissent contraires.

LXI. OBSERVATION.

Un Quarteron libre, attaché à une habitation de l'Artibonite, étoit affligé depuis quatre à cinq mois d'une hydropisie ascite qui lui étoit survenue après une fièvre aiguë. On avoit déjà employé tous les remèdes hydragogues, & on avoit eu recours au charlatanisme déjà discrédité du magnétisme animal : son ventre étoit si volumineux, qu'il étoit obligé de porter des juppes de sa mère pour se couvrir, étant dans l'impossibilité de s'habiller avec ses hardes. Je ne voulus point me déterminer à lui faire faire la ponction, parce que cet homme, âgé d'environ 24 ans, me paroissoit vigoureusement constitué, & que j'espérois beaucoup de l'usage d'une tisane apéritive dont j'avois déjà éprouvé bien des fois l'efficacité. En voici la formule.

Prenez racines de roseau du pays (*arundo arenaria*) de sureau du pays (*piper aduncum*), de bois d'anizette (*piper reticulatum*) de chacun une bonne poignée, coupez-les par menus morceaux, lavez-les & faites-les bouillir dans deux pintes d'eau pendant sept à huit minutes : puis coulez & faites infuser dans la colature une bonne pincée de racines d'herbes à collet (*piper pellatum*) aussi coupées en petits morceaux. Cette tisane est la boisson du malade. On le purge de trois ou quatre jours l'un avec le jalap en dose proportionnée à l'âge & à la complexion du sujet.

J'employai seulement cette méthode, après avoir procuré un peu d'écoulement à l'eau du ventre par le moyen des vésicatoires. Au bout de deux mois, ce jeune homme commença à se promener partout, l'appétit lui revint & avec lui les forces, & l'hydropisie a disparu au bout de trois mois. Je le mis alors à l'usage des Eaux en bains, pour exciter la transpiration, & donner du ton à toutes les parties ; au bout de quatre mois ce malade retourna chez son Patron avec une santé plus robuste qu'il n'avoit avant sa maladie.

ÉCROUELLES.

De dix Nègres ou Négresses qui sont venus prendre les Eaux étant attaqués de tumeurs scrophuleuses, quatre ont été guéris, trois ont éprouvé du soulagement, deux n'ont éprouvé aucun changement favorable, & un est mort. Ce dernier avoit les tumeurs ulcérées depuis long-temps & il s'est formé une fusée par-dessous la clavicude dans la capacité de la poitrine. Tous les sujets au-dessus de 20 à 24 ans n'ont pu guérir, excepté une Négresse d'environ 28 ans, qui m'a paru menacée d'une métastase sur la poitrine. Les jeunes sujets au-dessous de 20 ans, dont les tumeurs ne sont point ulcérées, ont guéri. M. Théophile de Bordeaux, Médecin de la faculté de Paris, dit dans sa dissertation couronnée par l'Académie Royale de Chirurgie, en 1752, que l'usage des Eaux de Barége & du mercure est très-efficace pour guérir les écrouelles: je me propose de faire l'essai de cette méthode à la première occasion.

PULMONIE.

De huit esclaves envoyés ici pour y être traités de cette cruelle maladie, j'ai été obligé d'en renvoyer trois au bout de peu de jours, parce que leur état empiroit ; une Négresse est morte, deux sont partis guéris & deux paroissoient donner quelque espoir de guérison. L'usage des Eaux chaudes est absolument contraire à cette maladie, lorsqu'elle est à son dernier période & que le viscère est ulcéré. Pour que les malades puissent éprouver des heureux effets de l'usage de nos Eaux, de mes fumigations balsamiques & du bon air de ce lieu, il faut que l'ulcère ne soit point formé, & dès qu'un malade est décidément attaqué de cette maladie, il faut qu'il se fasse transporter ici au plutôt.

ÉLÉPHANTIASE.

J'ai eu dans le cours de cette année 1787, à traiter aux Eaux six sujets attaqués de cette maladie : trois Nègres & trois Négresses ; deux de ces dernières ont été guéries, parce que la maladie n'étoit pas ancienne. Les quatre n'ont point obtenu de changement favorable dans leur état.

ULCÈRES.

Dans le même espace de temps il y a eu ici quatorze Nègres ou Négresses couverts pour la plupart d'ulcères qui avoient résisté aux traitemens ordinaires. Le plus grand nombre a guéri en peu de temps, d'autres n'ont obtenu leur aise qu'après plusieurs mois : d'autres enfin n'ont obtenu aucun soulagement. Ces derniers avoient les humeurs tellement viciées, que ni le mercure administré auparavant sous différentes formes, ni les tisanes sudorifiques n'avoient opéré aucun changement en eux.

HYDROPISIE.

De sept hydropiques qui sont venus aux Eaux dans le courant de cette année, deux ont guéri, deux sont morts & trois ont été renvoyés à peu près dans le même état où ils étoient à leur arrivée. J'ai remarqué que l'usage des Eaux est aussi contraire dans les hydropisies confirmées & au dernier période, qu'elles sont efficaces contre les mêmes maladies dans leur commencement.

TŒNIA.

Deux Nègres, âgés de 25 à 26 ans, exténués par des maladies, arrivèrent aux Eaux, l'un pour y être traité d'une paralysie & l'autre de l'émophlegmatie. Après quelques semaines de l'usage de l'Eau Minérale, le premier devint tout-à-coup hydropique ; je le purgai avec une dose de jalap ; il rendit une portion de tœnia d'environ 18 pieds de long, désenfla le même jour & mourut trois jours après. Le second rendit des morçeaux de tœnia de plusieurs pieds de long, par l'usage des Eaux seulement & récupéra la santé.

FLEURS BLANCHES,

OU LEUCORRHÉE.

Lorsque cette maladie n'est pas trop ancienne & qu'elle n'a pour cause que le relâchement, la foiblesse des organes, ou la suppression des règles, elle guérit toujours par l'usage des Eaux soutenu d'un bon régime ; mais souvent on confond cette maladie avec une autre qui ne peut se guérir que par les anti-syphillitiques.

CACHEXIE.

De plusieurs Nègres attaqués de cachexie, ou mal d'estomac, quatre seulement ont guéri ici, les autres ont été renvoyés sans avoir éprouvé de soulagement.

PIANS ET CRABES.

De toutes les maladies auxquelles les Nègres sont sujets, le pian est celle qui se guérit le plus facilement & le plus vîtement, par l'usage de nos Eaux thermales. J'en ai eu 25 en traitement cette année, & ils tous été très-bien rétablis.

DARTRES.

Cette maladie offre tant de variétés, qu'il n'est pas étonnant qu'une partie de ses espèces ou variétés guérisse facilement par l'usage de nos Eaux, tandis que d'autres y résistent absolument. J'ai eu beaucoup d'esclaves à traiter ici cette année & attaqués de cette incommodité, plus des trois quarts sont partis guéris, j'en ai dans ce moment (*) ici qui ont des dartres très-anciennes & rebelles, j'associe à l'usage des Eaux la décoction de *l'euphorbia tithymaloïdes*, & j'espère les renvoyer bientôt radicalement guéris.

SYPHILLIS.

De vingt sujets, esclaves, attaqués de cette maladie, quatre seulement ont paru avoir éprouvé de bons effets de l'usage seul des Eaux. Les maîtres qui leur avoient déjà fait administrer infructueusement beaucoup de préparations mercurielles me recommandoient expressément de ne faire faire usage que de l'Eau minérale à leurs esclaves. Je suis persuadé que les sujets qui, à l'usage de notre Eau, joindroient celui des anti-syphillitiques dépuratifs, en obtiendroient des effets très-salutaires. J'en ai fait quelques essais heureux.

RHUMATISMES.

Les rhumatismes proprement dits guérissent ici avec une promptitude étonnante. J'ai vu aussi des rhumatismes goutteux céder à sept à huit bains, mais on confond souvent cette maladie avec la précédente, & alors il ne faut pas s'étonner si on voit quelquefois les douleurs résister aux bains & aux douches; en ce cas, dès qu'on associe les anti-syphilliques aux Eaux, on sent les douleurs se dissiper & le calme renaît.

(*) *Au commencement de Janvier 1788.*

N° IX.

DESCRIPTION

Du quartier du Port-de-Paix, avec un extrait de son Histoire naturelle.

CE quartier est borné au Nord par la mer ou le canal de la Tortue, au Sud par le quartier du Gros-Morne, à l'Est par celui de Saint-Louis du Nord, & à l'Ouest par celui de Jean-Rabel : il a de l'Est à l'Ouest deux lieues d'étendue, & six du Nord au Sud.

La ville du Port-de-Paix, située vingt lieues à l'Ouest & sous le vent du Cap, est le premier établissement des Flibustiers François en cette Colonie. Le port, qui est d'une médiocre grandeur & d'une entrée facile, a un bon mouillage ; il est fort-bien abrité, & n'est exposé qu'au vent de Nord-Ouest, qui, lorsqu'il souffle fort, y excite une houle considérable ou raz-de-marée, ce qui devient dangereux pour les bâtimens qui y sont à l'ancre. Ce port est protégé par des forts, où il y a eu en temps de guerre des détachemens d'Artillerie & de Troupes réglées commandés chacun par des Officiers de leur Corps & sous les ordres d'un Major-Commandant pour le Roi ; les quartiers de Saint-Louis, du Gros-Morne & du Port-à-Piment, sont dans la dépendance du commandement du Port-de-Paix.

La ville est bâtie dans une petite plaine d'environ 300 toises de profondeur, qui étoit, il y a peu d'années, un lagon ou marais : aujourd'hui les maisons & les rues sont remblayées & pavées, selon un niveau fixé par la Police, ce qui rend la ville plus propre & plus saine.

C'est le chef-lieu d'une Sénéchaussée & d'une Lieutenance d'Amirauté qui comprend six paroisses, savoir : le Port-de-Paix, le Petit Saint-Louis, le Gros-Morne, y compris le Port-à-Piment, Jean-Rabel, le Môle Saint-Nicolas, & Bombarde.

Le Gouvernement vient de s'occuper de l'embellissement de la ville du Port-de-Paix, en y faisant construire une fontaine, dont l'eau est de la plus grande utilité aux Habitans, qui, avant cela, étoient obligés d'en envoyer chercher à la rivière, à une demi-lieue de distance de la ville. Bien des particuliers n'osent user pour leur boisson de l'eau de la fontaine qui a coulé pour la première fois le deux Février dernier, parcequ'ils ont été prévenus contre elle. L'analyse que j'en ai faite prouve qu'elle ne contient qu'un peu de sélénite comme presque toutes les Eaux de source, & qu'elle se purifiera de plus en plus à l'avenir, n'étant plus stagnante dans une terre argileuse, qui lui communiquoit cette qualité séléniteuse. C'est donc un bienfait signalé que cette ville vient de recevoir de MM. de Bellecombe & de Bongars. L'eau de cette Fontaine a été prise à une petite distance de la ville, dans les cannes à sucre de l'habitation Auber ; elle est conduite sur une place à bâtir au centre de la ville, & de là elle se rend pour le service de la Marine à l'extrémité d'une calle en maçonnerie qui vient d'être construite.

On peut, à très-peu de frais, rendre l'air de cette ville plus salubre en le rafraîchissant, & ôter à ses Habitans l'incommodité d'avaler en respirant un sable fin, que les brises fortes &

presque continuelles y élèvent sans cesse. Il ne s'agiroit que de distribuer dans toutes les rues l'eau d'un ruisseau appelé la rivière du Port-de-Paix, & d'ordonner qu'elle fût employée à arroser, à certaines heures du jour ; il n'en coûteroit que la construction d'une estacade, ou d'une vanne, à environ cinquante toises au-dessus de l'église. Ce point est beaucoup plus élevé que la ville, aussi l'eau se rendra aisément de là à toutes les extrémités. Ce ruisseau devient dans le temps des pluies un torrent dangereux. Pour mettre les Habitans à l'abri de ses ravages, il faudroit redresser, élargir ou désobstruer son lit jusqu'à son embouchure à la mer ; il y a au plus 200 toises de longueur.

Puisque l'administration bienfaisante qui nous régit a bien voulu embellir cette ville qui devient d'une certaine importance par sa population, elle s'intéressera sûrement aussi à la santé de ses Habitans. On sait que presque tous les ans le Port-de-Paix est désolé par des épidémies occasionnées par des miasmes putrides qui passent dans le sang avec l'air qui les charrie ; cet air s'imprègne des principes de la putridité, en passant par-dessus des lagons qui sont au vent & sous le vent de la ville. Pour rendre cet endroit sain, il ne faut que faire couler les eaux croupies de ces marais, ou y en introduire une qui se renouvelle souvent. Ces lagons ne peuvent avoir, relativement à la mer haute, qu'une des trois positions suivantes : ou de niveau, ou plus haut, ou plus bas ; en construisant un petit canal pour chacun d'eux, ceux qui se trouvent plus haut ou de niveau avec la mer haute se vuideront nécessairement à chaque marée basse, au moyen d'une petite écluse, & ceux qui sont au dessous de ce niveau se rempliront à chaque marée montante d'une eau agitée & renouvelée deux fois en 24 heures. Ce travail conserveroit à la Colonie & à l'État une quantité de sujets,

& seroit d'autant moins coûteux que le Gouvernement peut ordonner que les propriétaires de ces terres lagoneuses les mettent en valeur, sous peine d'être déchus de leurs concessions, qui dans ce cas seroient accordées à d'autres, à charge d'égoûter les marais dans l'année, ou à la ville même qui seroit chargée de ce desséchement & affermeroit ce défriché; enfin une Administration sage & juste trouvera plus d'un moyen facile d'opérer un si grand bien.

L'église & le presbytère sont bâtis en maçonnerie, & sont aussi propres que solides.

La ville du Port-de-Paix, est distante de quatre lieues du bourg de Saint-Louis du Nord, elle est à onze lieues de celui du Gros-Morne, à douze lieues de celui de Jean-Rabel, à 19 du Môle, & à 14 des Eaux Thermales de Boynes, ou du Port-à-Piment.

DIVISION DU QUARTIER.

Le quartier du Port-de-Paix se divise en plusieurs cantons, dont les principaux sont la plaine du Port-de-Paix, la montagne, René-de-bras, la Plate, le fond-Ramier, le bas & le haut Moustique.

Le premier de ces cantons est traversé par une rivière, appelée *les Trois Rivières;* sa largeur moyenne est de 200 pieds sur une hauteur d'eau qui varie beaucoup selon les saisons, mais qui est rarement au-dessous de 18 pouces, & quelquefois de 10 à 12 pieds, avec une vîtesse relative à la hauteur de l'eau & à la pente considérable qu'a vers la mer tout le terrain qu'elle parcourt. Cette rivière prend sa source dans les hauteurs de Plaisance, vers la frontière Espagnole, traverse le quartier de Plaisance, les cantons du Pilate & du Boucan-Richard, le quartier du Gros-Morne & celui du Port-de-Paix, où elle a son embouchure à la mer; à une demie-lieue de la ville, elle reçoit les eaux de plusieurs petites rivières ou gros ruisseaux, tels que la rivière de Plaisance, du Margot, du Piment, Mancelle, du Moulin, la rivière Blanche, celle de l'Acul-du-pendu, la rivière Froide, & un grand nombre de petits ruisseaux & de ravines. Les trois rivières sont sujettes à de fréquens débordemens; celui du 2 Septembre 1772 a été un des plus considérables & des plus funestes dont on ait connoissance; il entraîna une multitude d'indigoteries avec leurs moulins, beaucoup d'esclaves & de bestiaux, & ravagea la sucrerie de la Dame Auber.

Il n'y a que trois sucreries dont les cannes soient arrosées, & les moulins mûs par les eaux de cette rivière. Le canal de la sucrerie des héritiers Souverbie, qui a trois quarts de lieue de longueur, mais qui est trop étroit, parce qu'il a été fait pour une indigoterie, a une prise d'eau des plus solides: M. l'Abbé Raynal cite ce canal comme un exemple d'industrie & de courage. Il y a trois autres sucreries dans la petite plaine qui est au pied des mornes; deux ont chacune leur moulin à eau mû par celle d'un ruisseau appelé la rivière de la Caye-à-Vinaigre. La troisième va en avoir un qui le sera par le ruisseau appelé la rivière du Port-de-Paix. De ces six sucreries trois roulent en blanc, les trois autres fabriqueront bientôt de même. Les trois premières produisent sept cent milliers de sucre blanc, & les trois autres environ neuf cent milliers de sucre brut; les cannes du bord de la mer sont sujettes à être piquées par des insectes, & à être toutes vermoulues; elles ne se dépouillent presque point de leurs feuilles, donnent un vesou qui passe promptement à la fermentation, ce qui rend ce sucre un peu difficile à fabriquer; cependant les Rafineurs instruits en peuvent tirer un assez bon parti. Il y avoit autrefois dans ce quartier un plus grand nombre de sucreries, mais la difficulté ou l'impossibilité de l'exportation en temps de guerre, a découragé les Habitans, qui ont abandonné la culture des cannes pour reprendre celle de l'indigo. On pourroit établir une vingtaine de sucreries le long des trois rivières, en remontant jusqu'au Gros-Morne, & presque toutes avec moulin à eau; alors il sortiroit des richesses immenses de ces terres abandonnées par les indigotiers.

La montagne du Port-de-Paix dont le penchant regarde le Nord, est toute établie & cultivée en café : on y voit des établissemens considérables & des bâtimens aussi propres que commodes, on y compte trente cafeyères dépendantes de la paroisse du Port-de-Paix, & qui produisent au moins deux millions de livres de café par an; le sol est en général une argile rouge, sous une superficie qui, comme par tout ailleurs, est un terreau noir, formé par la décomposition spontanée des plantes qui y ont végété auparavant. Cette montagne est presque toute couverte de bancs considérables de pierre calcaire fort dure, parcequ'elle a essuyé l'action de l'air; elle est connue dans le pays sous le nom de roche à ravets; ces pierres sont toutes parsemées de trous occasionnés par la décomposition successive des pyrites martiales qu'elles contenoient abondamment; la couche de la terre végétale & argilleuse est, en beaucoup d'endroits, d'une très-médiocre profondeur, ce qui est cause que les cafés n'y sont pas de longue durée, cependant ces arbrisseaux y végettent très-vigoureusement, à cause des pluies fréquentes qui arrosent ces mornes.

Le canton de la Plate, qui est au revers & au Sud de la

Montagne du Port-de-Paix & au Sud-Ouest de celle du petit Saint-Louis, est un terrain en mornes, entrecoupé de ravines ; les pluies y tombent fréquemment, ce qui rend le canton plus propre à la culture du café qu'à celle de l'indigo : cette première plante y avoit d'abord été cultivée avec succès avant 1770, mais le discrédit dans lequel tomba cette denrée en 1773 & 1774, la fit abandonner pour reprendre l'indigo, qui y réussit aussi assez bien & s'y fait de bonne qualité. Le sol y est meilleur qu'à la montagne ; les pluies n'y sont pas si fréquentes & la chaleur y est plus considérable ; cependant les productions naturelles y sont les mêmes ; toutes les eaux de ce canton se rendent dans une ravine principale, appelée la ravine de la Plate ; c'est dans le temps des orages & des Nords un torrent dangereux & qui entraîne tout. Son embouchure est dans les trois rivières, sur l'habitation de Grane ; les Habitans de la Plate ne se sont pas encore procuré un sentier pour se rendre au grand chemin, ils suivent le lit de la ravine dont il vient d'être parlé.

René de Bras est une plaine hérissée de monticules & hachée de quantité de ravines, à sec pendant presque toute l'année, & qui entraînent tout quand elles débordent, par les pluies des forts orages ; son sol est marneux, profond & très-fertile, & quoiqu'il soit privé des pluies de Nord & qu'il souffre quelquefois beaucoup de sec, il est cependant un de ceux qui fournit le plus d'indigo & de belle qualité ; il s'y est fait des fortunes considérables & la population y est assez nombreuse ; il n'y a point de terre dans la dépendance du Nord aussi propre que celle-ci à la culture du coton, & cependant les Habitans aiment mieux laisser couvrir de campêche & d'acacias les terres usées par l'indigo, que d'y planter du coton, parceque personne ne veut se donner pour modèle en culture, & que l'on ne fait que ce que l'on voit faire. Ce canton offre aussi de superbes terres en plaine, & arrosables par les trois rivières, susceptibles de former les plus belles sucreries, toutes avec moulin à eau ; mais les Habitans sont habitués à la culture facile & peu coûteuse de l'indigo, & il faut du courage & de l'industrie pour établir des sucreries. Cependant ce canton a l'avantage d'être traversé par le chemin royal du Port-de-Paix aux Gonaïves, & n'est éloigné du Port-de-Paix que de 3 à 6 lieues.

Le Fond-Ramier est le plus petit des cantons de ce quartier, & il est situé entre le Port-de-Paix & le bas Moustique. Il est très-fertile en indigo, qui, quoique de fort bonne qualité, est le plus pesant qui se fabrique dans cette paroisse, & peut-être dans toute la Colonie, parceque les eaux dans lesquelles on fait macérer l'anil sont toutes extrêmement saumâtres. Ce canton ne possède aucune source d'eau douce & potable ; ses Habitans sont obligés d'en envoyer chercher à une grande lieue de distance (aux trois rivières) pour leur consommation & pour celle de leurs Nègres. S'ils avoient l'industrie de construire de bonnes citernes, ils auroient à leur disposition & en abondance une eau plus saine. La mer termine le Fond-Ramier au Nord, où elle formoit, il n'y a pas bien long-temps, une très-grande baie, que les terres d'alluvion ont presque toute comblée ; il s'y forme des petits islets de distance en distance, tout couverts de mangles, & qui sont inondés à chaque mer haute ; on pourroit y former le plus grand parc d'huîtres de toute la côte, mais on n'y a pas encore pensé. Sur un des côtés de cette baie il y avoit aussi, il y a peu d'années, une saline abondante, & qui s'est dégradée faute d'entretien ; il est étonnant qu'on n'en profite pas, car son produit, joint à celui des salines de la baie de Moustique & du Port-à-l'Écu, suffiroit à l'approvisionnement de la partie du Nord, & on en pourroit fournir l'étranger.

Le bas Moustique, quoique borné au Nord par la mer, en est cependant séparé par une chaîne de montagnes assez hautes, qui est évidemment un ancien rescif qui gissoit comme la côte à peu près Est & Ouest, & en étoit éloigné de deux à quatre lieues, selon les sinuosités de l'ancienne côte. Une coupure faite dans cette montagne par la petite rivière du Moustique, y forme une belle baie, profonde, d'un bon mouillage, à l'abri des vents, excepté de celui de Nord-Ouest, & susceptible d'une excellente défense; depuis peu on y a construit une batterie pour la mettre à couvert des incursions des Corsaires qui y ont fait plusieurs descentes pendant la dernière guerre. Cette baie est située entre le Môle Saint-Nicolas & le Cap-François, & précisement à l'entrée occidentale du canal de la Tortue; elle offre à tous les bâtimens une retraite sûre contre tous les mauvais temps & contre les insultes de l'ennemi; les Habitans du canton vont y bâtir une bourgade, où s'embarqueront toutes les denrées des haut & bas Moustique.

La Plaine comprise entre la saline du Fond-Ramier & la rivière du Moustique est mamelonnée par une infinité de monticules, composés uniquement de pierres roulées ou galets, ce qui prouve que leur formation est due à des remouts du courant de la mer, dans le temps qu'elle couvroit cette plaine & toute celle de Jean-Rabel. La rivière du Moustique, qui ne tarit que dans les grandes sécheresses de Mars & Avril, est sujette à de fréquens débordemens momentanés; elle a été une de celles qui ont pris le plus d'eau du fameux ouragan du deux Septembre 1772. Ce débordement, qui déracina & emporta tous les arbres de haute futaie qui se trouvèrent sur son cours, a prodigieusement fouillé le lit de cette rivière dans le haut Moustique, sur-tout dans les endroits resserrés entre les rochers, & l'on voit encore des marques de la hauteur de l'eau à cette époque; elle s'éleva à 30 pieds, sur une largeur variable en raison du talus des écores ou rives, mais dont le terme moyen peut être évalué au moins à cent cinquante pieds, le débordement s'étendit à près d'une lieue dans la plaine sur une hauteur de douze à quinze pieds. Que l'on juge par là du prodigieux volume d'eau qui tomba dans ce canton: cependant un observateur voit très-évidemment que l'ouragan de 1772, a produit un petit effet relativement à ceux qui l'ont précédé dans des temps plus reculés. Cette preuve se tire de la multitude de ravines creusées selon toutes sortes de directions & à une profondeur considérable dans le roc vif. Les pluies étoient si abondantes dans le haut Moustique, il y a environ quarante ans, qu'il n'étoit plus possible d'y cultiver l'indigo, & que presque toutes ces plantations y furent abandonnées; cela donne lieu de présumer que la constitution de l'atmosphère est sujette à des périodes sèches & pluvieuses. Les observations météorologiques faites dans l'Isle depuis soixante ans, induisent les partisans des influences lunaires à fixer chacune de ces périodes à-peu-près à dix-neuf ans. Ces périodes ont de plus entre elles un maximum de pluie & de sécheresse, ce qui forme encore un autre ordre de période. M. Toaldo, Docteur de Padoue, Météorologiste, dit qu'il croit avoir reconnu que la période de l'apogée de la lune ramène les années pluvieuses.

Toute la plaine du bas Moustique est l'ancien bassin de la mer qui a été comblé par des terres d'alluvion, aussi le sol est-il d'une profondeur considérable. On y fit pendant le sec de 1776, des fouilles de 60 à 70 pieds de profondeur, toujours dans la même terre ; il n'est pas étonnant que les sources y soient rares, parceque le terrain y a conservé trop d'ameublissement, qui dans les temps très pluvieux occasionne des courans sous terrains par où les terres s'écoulent & forment de petits gouffres, d'une profondeur si considérable qu'on ne peut souvent la mesurer. La terre est marneuse & peut-être la plus fertile de la Colonie ; quand elle est suffisamment arrosée des pluies, elle produit beaucoup & d'excellent indigo ; toutes les plantes pivotantes y végettent vigoureusement, & résistent aux grandes sécheresses qui désolent trop souvent ce canton ; les arbres ou herbes traçans y végettent mal, ou périssent. La disette d'eau a empêché jusqu'à présent la culture d'une grande partie de ces terres, qui produiroient des revenus immenses si des cultivateurs courageux & intelligens savoient tirer parti de ce sol excellent, & lui demander l'espèce de produit dont il est susceptible.

Toutes les espèces d'opuntia ou nopal viennent spontanément au bas Moustique ; on sait combien de millions les Espagnols retirent de la culture du nopal dans le Mexique, par la vente de la cochenille à toutes les nations de l'Europe : ne sommes-nous pas invités par la nature à nous donner à cette branche de commerce ? Il en coûteroit bien peu pour former un de ces nouveaux établissemens, qui au bout d'un an ou deux serviroit de modèle & de pépinière à tous les concessionnaires de ces belles terres, qui sans cela resteront à jamais incultes ; ce genre de culture n'exige point d'eau & très-peu d'esclaves ; par le moyen des citernes les cultivateurs se pourvoiroient abondamment de celle qui seroit nécessaire à leur consommation & à celle de leurs Nègres.

Ce canton a l'avantage précieux d'être traversé de l'Est à l'Ouest par le chemin Royal du Port-de-Paix au Môle.

Le haut Moustique est séparé du bas par une chaîne de mornes, qui probablement formoient autrefois la côte, de là le terrain s'élève en amphithéâtre jusques aux montagnes qui séparent ce canton d'avec le quartier du Port-à-Piment. Il n'y a peut-être pas de terrain aussi entrecoupé de ravines profondes que le haut Moustique, ce qui prouve qu'il a été anciennement sujet à de fréquentes & de fortes inondations ; il n'est pas rare d'y rencontrer des fouilles de plus de cent pieds de profondeur faites par les eaux, & presque toutes dans des rochers de pierre calcaire, qui ont une profondeur beaucoup plus considérable. La petite rivière du Moustique qui traverse le haut & le bas de ce canton prend sa source dans une des montagne qui forme la lisière du Port-à-Piment. Le sol est excellent en beaucoup d'endroits, & aride dans d'autres, selon la nature du fond ; la superficie est un terrain noir devenu argilleux ; le fond est tantôt de la marne blanche, rougeâtre ou jaunâtre, & quelquefois de la craie ou des bancs de pierre calcaire ; tantôt c'est du grez verdâtre tout parsemé de pyrites ferrugineuses ; la qualité de la marne varie à l'infini, en proportion du mélange de l'argile avec la terre calcaire. Elle a la propriété de supporter des sécheresses qui feroient tout périr dans l'argile ; le haut Moustique n'a presque produit jusqu'à présent que de l'indigo ou sa graine : un seul Habitant a été assez industrieux pour y essayer la culture du café, & il a fait une fortune considérable ; le café y réussit très-bien, même dans la terre déjà employée à d'autre culture ; il est de la première qualité pour le goût ; on peut même assurer qu'il l'emporte sur celui qui se récolte dans toutes les Colonies, & qu'il est celui qui approche le plus du vrai Moka ;

soit par la forme du grain, soit par son odeur & sa couleur. Le cafier y résiste longtemps, car on peut encore y voir les premiers qui y furent plantés par curiosité, vers 1745. Le Sieur Bonséigneur, père de seize enfans vivans, Habitant des hauteurs, vient de récolter 90 milliers de café avec 25 Nègres. Je doute qu'il y ait dans aucun quartier une récolte à comparer à celle-là. M. l'Abbé Soulavie, dans son Histoire naturelle du Languedoc, observe que les terres marneuses ou calcaires ne donnent pas de productions aussi vigoureuses que les terres argilleuses, mais qu'elles sont de meilleur goût, & que le revenu y est plus sûr; l'Auteur de l'Histoire naturelle de l'Arabie a fait la même observation sur le sol de la terre de cette contrée, & sur-tout du Royaume d'Iémen, d'où le café tire son origine.

Tous les fruits & vivres du pays ont aussi dans la terre marneuse un bien meilleur goût que ceux qui croissent dans l'argile.

L'indigo de ce canton rend peu, mais il est tout bleu flottant & facile à fabriquer. Les pluies du Nord font périr les pieds d'anil dès le commencement de Novembre, & on ne peut faire réussir les plantations qu'en Mai ou Juin, ce qui rend cette culture peu profitable aux cultivateurs, qui enfin l'abandonnent pour celle du café. On y compte déjà trente établissemens en ce genre, & il s'en fera beaucoup plus. L'exportation de cette denrée se fera toute par cabrouets, parceque les Habitans viennent de se faire un très-beau chemin de voiture, qui depuis le haut Moustique se rend aux embarcadaires soit du Port-de-Paix, soit de la baie de Moustique. La commodité de ce même chemin déterminera sans doute quelques propriétaires de terre déjà usée par la culture de l'indigo, à y substituer celle du coton qui y végette très-vigoureusement & rend beaucoup. Enfin les cannes à sucre y viennent très-belles, s'y dépouillent parfaitement de feuilles, & sont très-riches en sucre ; il y a plusieurs habitations traversées par la rivière & par le grand chemin, chacune de 200 à 300 carreaux de terre susceptibles de cette culture ; il n'y manque que des forces ; on espère que les grands revenus qui vont se faire en café dans ce canton presque ignoré attireront sur lui les regards du Commerce.

Outre les denrées ordinaires & celles que nous avons indiquées, on pourroit engager les pauvres gens de couleur libres à d'autres petites branches de commerce qui tourneroient au profit de la Métropole, telles que la culture du tabac, de la résine de gaïac, la salsepareille, la squine, les bois de teinture, la noix de galle, du tendre acajou, la gomme & le fruit d'acacia.

EXTRAIT ABREGÉ de l'Histoire naturelle du quartier du Port-de-Paix.

ZOOLOGIE.

LES hommes y jouissent en général d'une santé aussi bonne qu'en Europe, si l'on excepte les bourgeois du Port-de-Paix, parceque presque dans tout le reste du quartier, & sur-tout à la montagne & au haut Moustique, on respire un air sain, frais & assez égal, celui de la montagne toujours humide, & celui du Moustique toujours sec & vif ; la pureté de cet air influe beaucoup sur la santé des femmes, qui sont d'une fécondité étonnante. On y compte plusieurs familles de 10, 12 & 15 enfans ; il y est mort quelques centenaires parmi les Blancs, & il en existe encore parmi les Nègres : on voit une albinos née en ce quartier.

Les savannes y sont couvertes de toutes sortes d'animaux domestiques, tels que chevaux, vaches, boeufs, brebis, cochons, dindes, pintades, oies, canards, &c. Dans les cantons boisés du Moustique & le long de la mer, les chasseurs trouvent des bœufs, chevaux & cochons marrons, des pintades, des ramiers, quatre sortes de tourterelles, des poules-à-joli, des canards sauvages, des sarcelles, des poules d'eau, des plongeons, des pluviers, des flamans, des pélicans, des spatules, toutes sortes de hérons ou crabiers, des frégates, des paille-en-cul, des corneilles, des demoiselles angloises, des perroquets, perruches & perroquets de terre, des bécasses & bécassines, des maringouins, des esclaves, des merles, des bouts-de-petun, des pies ou charpentiers, des émérillons ou grisgris, des milans, des pies, des fresayes, des chevèches, des têtes-chèvres, des goëlands, des hirondelles de mer & de terre, des hochequeues, des rossignols, des mésanges, des bouvreuils, des pivoines, des colibris, des oiseaux mouches, des évêques, &c. &c.

Parmi les reptiles & amphibies on trouve la grande couleuvre bariolée ou coureuse, la couleuvre verte & autres espèces, le lézard verd, le gris & noir, le caméléon, le mabouya, le saurdon-salamandre, la grenouille, les mille-pieds, l'araignée-à-crabe, le scorpion, &c.

Les trois rivières sont très-poissonneuses, sans que les espèces de poisson d'eau douce y soient nombreuses ; les plus communes sont le mulet franc, la carpe, le tetard, le haut-dos, l'anguille, le brochet, la sarde grise & le pisquet ; ce dernier est le frai de diverses sortes de poissons qui vient éclore vers l'embouckure de la rivière, il commence à paroître au décours de la lune d'Août, & remonte rapidement la rivière jusqu'au gros-Morne ; il reparoît à tous les décours de la lune jusqu'au mois de Novembre ; il n'est d'abord pas plus gros qu'un grain de riz, mais il est déjà triplé en arrivant au Gros-Morne. Ce poisson naissant est enduit d'une matière visqueuse qui le fait adhérer à tout ce qu'il touche hors de l'eau ; on voit les murs & même les toîts de nos moulins à eau tout couverts de pisquets aux environs de la roue. C'est un mest délicieux, mais un peu indigeste ; les gourmands ont le plaisir d'engloutir dans un repas des milliers de poissons.

La mer dans le canal de la Tortue fournit des espèces innombrables de poissons dont il n'est guère possible de faire l'énumération dans un abregé : il suffira de parler des principaux. La plage produit toutes sortes de crabes excellens à manger, le soldat, le tourlourou &c. Les Habitans qui ont vue sur le canal y jouissent quelquefois du spectacle du combat de l'espadon avec le souffleur, présage ordinaire de quelque tempête ; il s'y pêche aussi, mais rarement, des lamentins du poids de mille livres & au-delà ; on prit en 1774, près de l'embouchure des trois rivières, un pentouflier ou marteau qui pesoit plus de de 1500 livres. Il se jeta lui-même sur la grêve en s'élançant sur les Nègres pêcheurs ; le thon, la bonite y sont rares ; le brochet, le tasard, la caranque, la bécune, le visanneau, le rouget, le coffre, le perroquet, la lune, l'assiette, le haut-dos, le chirurgien, la maye, &c. sont les poissons de mer qui paroissoient le plus souvent au marché ; la baie de Moustique fournit beaucoup de tortues.

La

La côte du Port-de-Paix est assez riche en coquillages, dont les principaux sont le Nautile papiracée, d'une grandeur surprenante, les espèces nombreuses de Limaçons de mer, les Lambis, les Sabots, les Burgos, les Casques, les Étoiles, les Têtes de Méduse, les Soleils levants, les Pourpres ou Murex, les Oursins, les Lépas, les Palourdes, les Buccins, les Vis, les Tonnes, les Porcelaines, la Carte géographique, la Musique, le Mantance, le Dacal, &c. &c.

Le nombre des insectes est si considérable qu'on n'ose même en donner le catalogue abrégé.

BOTANIQUE.

Ce quartier qui embrasse des montagnes assez élevées & fort pluvieuses, des plaines vastes & exposées aux sécheresses, possède presque toutes les espèces de végétaux de l'Isle. Les raisins muscats du Port-de-Paix & les artichaux de sa montagne sont bien connus au Cap; les cantons de la Plate, de René-de-Bas & du haut Moustique, outre les bois ordinaires pour la charpente, possèdent les plus beaux acajous à planches, unis, ondés, mouchetés; le bas Moustique n'est couvert que d'arbres qui ont l'air tout rabougris, cependant les gorges comprises entre les monticules ont de beaux arbres, tels que les mancenilliers, le bois palmiste, le bois de rose, le bois blanc, le tendre-à-cayou, de très-gros gaïac: on y voit une multitude de bois propres à tourner, marbrés de toutes sortes de couleurs, incorruptibles, & tous à nommer par les Botanistes; toutes les espèces de cactus, torches ou cierges, & les opuntia s'y rencontrent. On y admire une espèce de cardace, qui vient de la hauteur & de la grosseur d'un arbre; il en est de même d'un opuntia appellé patte de tortue. Dans le haut Monstique, qui est encore tout couvert de bois, on trouve toutes les espèces de bois incorruptibles, propres à bâtir, savoir : différentes sortes de bois de chandelle, le brésillier, le bois de fer, le bois de savanne franc, le bois marbré, le bois à petites feuilles, le gratte-galle, le bois de rose, le sapotillier des mornes, le gris-gris de montagne, le raisinier *idem*, le bois diaboli, le bois mulâtre, le bois mahot, le tavernon ou bois pelé, le bois marie, l'ébène, *le morus tinctoria*, si recherché pour la teinture en jaune, le bois de cannelle, le tendre-à-cayou, & les acajous, le bois rouge, le vrai cèdre de la Bermude, le cèdre blanc, &c. La chaîne de mornes qui sépare ce quartier de celui du Port-à-Piment est toute couverte de pins, propres à la petite mâture. Enfin les différentes sortes de palmistes, savoir : le franc, le palmiste-à-vin, le chapeler, les petits & grands lataniers, ce dernier est le vrai tallipot des Indes, &c. &c.

MINÉRALOGIE.

Le règne minéral de ce quartier sera très-intéressant, quand il aura été étudié & décrit par un Minéralogiste instruit.

On y trouve, outre l'eau pluviale & fluviatique, beaucoup de sources qui coulent dans des ravines & de différentes qualités, telles que l'eau séléniteuse, l'eau vitriolique, l'eau muriatique ou salée, l'eau martiale ou ferrugineuse, l'eau cuivreuse, l'eau bitumineuse, enfin l'eau pétrifiante.

Parmi les terres, on voit le terreau noir, la terre rouge, la terre verte, l'argile grise, verdâtre, rougeâtre, le bol rouge, la marne à porcelaine, la marne rougeâtre, la craie coulante ou gurt, ou fariné fossile, la terre nitreuse, le gravier grossier, le petit gravier, & le sable ferrugineux.

La Lithologie offre la pierre à chaux compacte, blanche, & la rougeâtre très-dure; la pierre calcaire jaunâtre & graveleuse, la blanche tendre, des bancs de madrépores, du spath transparent, ou cristal d'Islande, *du flos féri*, des stalactites ou stalagmites superbes dans les grottes de la montagne & dans le haut Moustique, du grez rougeâtre, du verdâtre, du bleuâtre, du grossier, du silex en blocs isolés dans la marne; dans la plupart il y a des géodes, qui sont intérieurement tapissées de cristaux réguliers de quartz ou de cristal de roche, de l'agathe, du jaspe, du quartz, des pierres ferrugineuses, des *ludus Helmontii*, du poudingue. J'ai trouvé du poudingue maritime, en fesant escarper un rocher pour la construction de notre chemin de voiture, sur le point le plus élevé, en passant du bas au haut Moustique; cela prouve que la mer a baigné cet endroit.

Les minéraux n'ont pas été bien observés ici, on y trouve le sel de fontaine, & par conséquent le sel gemme, les pyrites dures, les marcassites, l'arsénic, le fer, le zinc, le cuivre, &c.

On y trouve rarement des fossiles; je n'ai rencontré que des palourdes, des huîtres & des lambis pétrifiés ou agathisés, sur le morne le plus élevé de la lisière du Port-à-Piment; ceci prouve le peu d'ancienneté du fond. Suivant un journal d'observations météorologiques que je tiens en ce quartier depuis 1775, le thermomètre de Réaumur à l'esprit de vin ne s'est élevé au Port-de-Paix que deux fois au vingt-huitième degré au-dessus de 0, savoir: le 15 Juin 1775, & le 25 Octobre 1776.

Il n'y est jamais descendu au-dessous de 15 degrés sur mon habitation qui est dans le point le plus bas du haut Moustique; il n'est monté que trois fois à 26 degrés & demi; il est descendu à 13 & 14 degrés plusieurs fois: la température ordinaire est entre 22 & 26 degrés à midi, & entre 16 & 20 à six heures du matin.

Les orages tombent ordinairement entre midi & deux heures ; il en vient à peu près autant de l'Ouest que de l'Est, & peu du Sud.

On observe très-fréquemment des tourbillons de vent assez forts dans le haut Moustique. La position de ce canton entre les deux mers, & à peu près à six lieues de distance de l'une & de l'autre, est la cause de ce phénomène ; la brise du large, c'est-à-dire, du Nord-Est, souffle assez régulièrement tous les matins entre onze heures & midi, la brise d'Ouest prend le dessus, & dans ce moment ces deux vents fesant dans leur direction un angle fort obtus, ils font pirouetter tous les corps légers qui se rencontrent sous cette direction ; on peut assurer que la brise d'Ouest règne ici autant de jours de l'année que celle de Nord-Est.

N.° X.

ANALYSE

De l'eau de la fontaine de la ville du Port-de-Paix, par M. Gauché.

MESSIEURS les Administrateurs de cette Colonie, instruits que la ville du Port-de-Paix, dont la population devient de jour en jour plus nombreuse, manquoit d'eau potable, & qu'elle étoit obligée de s'en fournir aux Trois Rivières, distantes d'une demi-lieue de la ville, ont fait construire une fontaine au milieu d'une petite place projetée, à peu près au centre de la ville. Cet embellissement s'est fait aux frais de SA MAJESTÉ, dont la Statue pédestre en marbre sera incessamment posée sur cette fontaine, dont la forme est un pied-d'estal quadrangulaire. M. Desforges, Ingénieur du Roi, a dirigé ce travail, il a pris l'eau dans les cannes à sucre de l'habitation Aubez, à environ deux cents cinquante toises de la ville, au pied des mornes au Sud.

Le 2 Février à midi, cette Eau coula pour la première fois; quelques personnes répandirent le bruit que l'eau de cette fontaine étoit cuivreuse, & qu'on n'en pouvoit boire sans courir les plus grands risques; cette assertion fit naître l'inquiétude & la défiance, & empêcha les Habitans de cette ville de se livrer à la joie que devoit naturellement leur inspirer un bienfait qu'ils desiroient depuis bien des années. En mon particulier, pénétré de reconnoissance envers MM. les Administrateurs, je desirai de m'assurer si ces bruits étoient fondés, en examinant la nature des Eaux de cette fontaine.

1.° Je fis tomber quelques gouttes d'alkali volatil fluor dans un verre bien net, rempli de cette eau, qui est fort limpide, & nous vîmes avec plaisir que ce sel n'y avoit pas produit la moindre altération, ni le plus léger changement. Tous les Chimistes savent que l'alkali volatil décèle le cuivre par-tout où ce métal se rencontre, & qu'il donne à l'eau cuivreuse une teinte du plus beau bleu d'azur.

2.° J'introduisis dans la même eau une lame de fer poli, qui ne perdit rien de son brillant, & qui ne changea point de couleur, preuve encore plus complète que notre eau ne contient point de vitriol cuivreux en dissolution, car si elle en tenoit, le cuivre se seroit déposé à la surface de la lame de fer, qui n'auroit pas manqué de prendre une couleur rouge.

3.° Je ne pus essayer l'eau par la balance hydrostatique, ni par le pèse-liqueur, parceque j'étois dépourvu de ces instrumens. J'eus recours à la dissolution du savon ordinaire dans l'eau de la fontaine, j'eus peine à en détacher quelques parcelles du morceau que j'employai, & aussitôt que je cessai de l'agiter, le savon détaché, mais non dissous, parut en floccons qui nagèrent à la superficie de l'eau, & cinq à six minutes après ils se précipitèrent; une autre personne fesant en même temps le même essai dans l'eau de la rivière, le savon y fut parfaitement dissous, & la mousse y subsista aussi long-temps que dans l'eau de pluie.

4.° L'expérience précédente m'indiquoit que le sel tenu en dissolution dans l'eau de la fontaine n'étoit point de la classe des alkalis ou qu'il n'y étoit que comme base d'un acide minéral;

néanmoins je versai dans un verre plein de notre eau quelques gouttes d'esprit de nitre fumant, qui n'y occasionna pas le plus léger changement, non plus que dans celle des Trois Rivières.

Je versai cinq à six gouttes de dissolution de mercure dans l'esprit de nitre, dans deux verres, dont l'un étoit rempli de notre nouvelle eau, & l'autre l'étoit de celle de la rivière. Cette dissolution troubla en blanc l'une & l'autre eau, mais après quelques minutes, l'eau de la rivière est redevenue limpide, & il étoit visible que le précipité n'étoit que de la sélénite en petite quantité, car il devint d'un jaune pâle, quelques instans après avoir été lavé & séché. Ceci indiquoit la présence de l'acide vitriolique, qui par sa grande pesanteur spécifique avoit chassé l'acide nitreux de sa base mercurielle, & s'y étant substitué, formoit avec ce demi-métal un turbith minéral, comme je m'en suis assuré depuis. Le défaut d'agens chimiques & de vaisseaux, ne me permit pas de faire alors une analyse plus exacte.

En Mai, j'ai été engagé par le Cercle des Philadelphes à lui donner une analyse de l'eau de notre fontaine & des différentes eaux de ce quartier. On ne peut trop louer le zèle de cette Compagnie littéraire, qui, à l'imitation de l'Académie Royale des Sciences de Paris, s'occupe dès sa naissance de toutes les branches d'Histoire naturelle de cette Colonie, & sur-tout de l'hydrologie. Pour répondre à la confiance dont elle m'honoroit, je repris l'analyse de l'eau de notre fontaine.

6.° J'ai répété toutes les expériences précédentes, & j'en ai obtenu les mêmes résultats. J'ai observé de plus que le précipité de la dissolution mercurielle dans l'eau de la fontaine avoit été quarante-huit heures avant que l'eau eût totalement repris sa limpidité. Ce précipité étoit blanc, après avoir été lavé dans l'eau distillée, puis séché & ensuite exposé au feu dans une capsule de *verre*, *une partie est restée jaune*, *l'autre partie a blanchi*, & a décrépité. Cette épreuve m'a démontré la présence de *l'acide vitriolique*, qui a *converti le nitre mercuriel* en turbith minéral. La partie qui a décrépité m'a prouvé que cette eau tenoit du sel marin en dissolution, comme son goût & sa saveur l'annoncent assez : je m'en suis assuré d'une autre manière.

7.° J'ai versé quelques gouttes de dissolution d'argent dans l'esprit de nitre, dans un verre plein d'eau de la fontaine ; aussitôt cette eau s'est troublée en violet pourpre terne ; trois heures après elle est devenue d'un bleu ardoisé, qui a duré trois jours, au bout desquels le précipité s'est totalement fait ; il donnoit les apparences de lune-cornée, puisque la plus grande partie étoit en caillé, & peu en poudre : nouvelle preuve de la présence du *sel marin*.

8.° J'ai versé dans une même quantité d'eau de pluie quelques gouttes de la même dissolution d'argent, elle s'est troublée en blanc, & cette couleur n'a pas changé. Le précipité blanc étoit en poudre & s'est fait promptement.

9.° J'ai fait la même expérience avec de l'eau distillée : même résultat. L'eau vulnéraire qui contient de l'huile essentielle, n'a produit de différence que dans une légère nuance de bleu.

10.° J'ai versé trois gouttes de dissolution d'argent dans l'eau de pluie ; l'eau distillée & l'eau vulnéraire (les verres à moitié pleins) elles se sont troublées comme il vient d'être dit : six à sept minutes après, j'ai rempli ces verres d'eau de la fontaine, aussitôt il s'est formé un caillé nageant en floccons dans chaque verre : toutes ces eaux sont devenues bleues par ce mélange, mais de différentes nuances ; l'eau de pluie a passé au pourpre bien décidé, & a gardé cette teinte pendant six jours, au bout desquels *le précipité s'est fait*, mais *l'eau n'a pas récupéré* sa parfaite limpidité. L'eau distillée & l'eau vulnéraire sont restées d'un bleu terne ou ardoisé, & *le précipité* s'est fait au bout de 60 heures. Cette épreuve annonce la présence certaine du sel marin dans l'eau de la fontaine, puisqu'elle a produit de la lune-cornée qui n'existoit pas précédemment dans les autres eaux; mais à quoi attribuer la couleur bleue ou pourpre que produit dans notre eau la dissolution d'argent dans l'esprit de nître? Je soupçonne qu'elle est due à une matière grasse, du genre des bitumes, ou à un foie de soufre à base de terre absorbante, produit par la décomposition d'une partie de la sélénite de cette eau dans l'endroit où elle est stagnante & croupissante, avant d'arriver au château d'eau construit à l'extrémité de ce bourdier.

11.° J'ai versé quelques gouttes de dissolution d'argent dans de l'eau distillée, qui s'est troublée en blanc; j'y ai à l'instant laissé tomber deux gouttes d'huile de vitriol, qui y a produit une légère effervescence, sans en altérer la couleur, j'y ai versé tout de suite quatre gouttes d'esprit de sel, la même couleur a subsisté. J'ai fait cet essai pour savoir si la réunion de ces deux acides, dans une même eau pure, lui donneroit une nuance bleue, ce qui n'est point arrivé; il est vrai que ces deux acides étoient à nud, au lieu que dans notre eau ils sont neutralisés, le premier, par la terre absorbante, & le second, par le natron.

12.° La poudre de noix de galles infusée dans l'eau de la fontaine, ne lui a fait prendre aucune des teintes que prennent ordinairement par son moyen les eaux ferrugineuses, ce qui me fait conclure que cette eau ne contient point de fer, ou qu'il est décomposé par les acides vitrioliques & marins. Ce qui me porte à croire ceci, c'est que le sel marin que j'en ai obtenu par l'évaporation est déliquescent, qualité du sel marin martial.

13.° N'ayant pu me procurer du sirop de violette, j'ai mis à infuser dans l'eau de la fontaine des fleurs d'une espèce d'*héliotropium*, nommées trivialement verveine bleue, qui a pris une très-légère nuance purpurine; si elle n'a pas rougi, c'est que comme je viens de le dire, les acides contenus dans cette eau sont neutralisés, & ne peuvent plus donner les indices d'acides à nud.

14.° La dissolution du sublimé-corrosif n'a produit aucune altération dans notre eau.

15.° L'alkali volatil concret a légèrement troublé en blanc la même eau, qui n'a repris sa limpidité qu'au bout de ving-quatre heures; il ne s'est pas fait d'effervescence bien sensible, ce qui prouve encore la parfaite neutralisation des acides : ceci a encore été confirmé par l'épreuve de cette eau de la fontaine avec du lait nouvellement trait. Celui-ci n'a pas caillé plus vîte que le lait pur, mais il a pris une teinte bleuâtre, qu'il a communiquée à la crême qui nageoit en petits floccons, & donnoit un léger indice d'acide.

16.° L'huile de tartre par défaillance ne change ni ne trouble l'eau de notre fontaine, & n'y forme qu'un très-léger dépôt blanc.

17.° Cette eau est plus lente d'environ trois minutes à bouillir que l'eau de pluie ou de rivière, ce qui est causé par le sel marin qu'elle tient en dissolution.

18.° Enfin j'ai fait évaporer huit livres d'eau de la fontaine dans un vaisseau qui a beaucoup de surface, & après l'avoir rapprochée jusqu'à réduction à deux onces, je l'ai mise dans un grand plat ovale de faïance exposé au soleil, afin d'obtenir des cristaux salins par cette lente évaporation, & afin d'avoir une cristallisation régulière. Il s'est en effet formé de beaux cristaux brillans de forme cubique, c'est-à-dire, du sel marin. Il y avoit en outre dans le même résidu de l'évaporation une cristallisation troublée d'un blanc sale; c'étoit la sélénite, dont la présence m'avoit déjà été manifestée par le changement du nitre mercuriel en turbith minéral. La totalité de ce résidu bien desséché a pesé deux gros, ou cent cinquante-quatre grains. Pour déterminer la quantité de sel marin & de sélénite, j'ai versé sur cette masse salineuse de l'eau de pluie tombée immédiatement du ciel dans un vaisseau net, échauffé jusqu'au moment de l'ébullition : j'ai fait ensuite la filtration par le papier gris, & j'ai exposé cette lessive au soleil, pour avoir une nouvelle cristallisation exacte du sel marin. La sélénite restée sur le filtre a pesé trente grains, & le sel marin a pesé cent douze grains; ce poids n'est que la six cent vingt-troisième partie de l'eau employée. Cette salure de l'eau est occasionnée par son passage à travers des couches de terres calcaires & marneuses qui constituent une partie des monticules au pied desquels elle sort de dessous terre, & dans un endroit lagoneux dont le fond est argilleux; l'acide vitriolique de l'argile se combine avec le peu de terre absorbante que cette eau tient en dissolution, & forme de la sélénite.

J'aurois pu avoir recours à la distillation, comme on a coutume de le faire en procédant à l'analyse des eaux; mais je suis persuadé que je n'aurois pas tiré de cette opération plus de connoissances que d'une simple évaporation faite avec lenteur & avec soin.

D'après cette analyse, on peut conclure que j'ai eu raison

de dire dans ma description du Port-de-Paix, que l'eau de la fontaine ne contient point de parties hétérogènes malfaisantes, car toutes les eaux de source, & même celles de rivière, contiennent plus ou moins de sélénite, & nous faisons entrer le sel marin dans nos alimens. Je laisse aux maîtres de l'art de guérir, à décider si son usage peut être nuisible, ou à quelle espèce de tempérament elle peut l'être; je sais que plusieurs personnes de cette ville qui ont surmonté la crainte, en font usage sans en être incommodées; quelques-unes seulement ont été atteintes de coliques pendant deux ou trois jours, après lesquels ils se sont habitués à cette boisson. On sait que les eaux de la Seine, quoique fort salubres, causent pendant les premiers jours, quelques indispositions à tous les nouveaux venus à Paris.

N.° X I.

MÉMOIRE.

Sur une Eau Minérale sulfureuse, découverte au bas Moustique, Paroisse du Port-de-Paix, le 24 Juillet 1785. Par M. Gauché.

AU pied des mornes qui séparent le bas d'avec le haut Moustique, il y a un petit canton appelé la cuivrière. Ce nom lui a été donné par les premiers Habitans, à cause d'une source d'eau très-fétide, à la surface de laquelle on voit une espèce de crême roussâtre, mélangée de couleur gorge de pigeon, que l'ignorance à fait prendre pour du cuivre.

Sur les rapports que différens Habitans m'en avoient faits, je soupçonnai que cette eau étoit sulfureuse, & pour m'en assurer & pouvoir en rendre compte à la Société à laquelle j'ai l'honneur d'appartenir, je m'y transportai le 24 Juillet au matin.

Je me rendis à la source par l'ancien chemin du haut Moustique au Fond-Ramier. C'est un sentier étroit, qui passe par divers mornes, & enfin aboutit à une ravine très-profonde creusée par les eaux dans un rocher de pierre calcaire ou marneuse, d'un blanc tirant sur le gris, composé en certains endroits de couches horizontales en tables; d'autres endroits offrent des couches composées de petits blocs de forme prysmatique, d'autres ont l'air de pierres schisteuses & en rognons; le lieu d'où sort la source & les environs est un rocher de pierre calcaire, qui paroît être d'une seule pièce, l'eau en sort par une fissure, ou fente d'environ deux pouces & demi de diamètre sur six de longueur, du côté Est de la rivière dont je viens de parler.

Là elle a une chûte rapide, elle y a élargi son lit, a creusé dans le roc un bassin d'environ 10 pieds de profondeur sur autant de diamètre, & a détaché du côté de l'Ouest des morceaux de ce même roc, ce qui forme une grotte où sept à huit personnes peuvent-être à couvert. Au sortir de ce bassin l'eau de la même ravine tombe d'environ vingt pieds de hauteur, sous un angle d'environ cinquante degrés, toujours sur le roc, & change la direction du cours. Les effets dont je viens de parler n'arrivent que dans les temps de pluie abondante, car le reste de l'année il ne paroît d'eau dans la ravine que dans quelques petits bassins, où elle ne tarit pas même dans les sécheresses, & celle de la source sulfureuse qui coule toujours de manière à pouvoir remplir un cube de trois à quatre lignes de diamètre, augmente dans les temps très-pluvieux, & ses exhalaisons diminuent.

L'eau de cette source est froide comme l'eau commune, très-limpide & sans couleur au sortir du rocher. Elle répand dans toute l'atmosphère du voisinage & fort loin dans cette ravine profonde une forte odeur de foie de soufre, décomposé, surtout le soir, quand l'air devient condensé, & aux approches de la pluie ou des orages. Alors les exhalaisons sont suffocantes & font couler les larmes des yeux. Cette eau arrivée au bassin, distant de vingt pieds, y change de couleur, & paroît d'un blanc bleuâtre, & dans quelques petits bassins au-dessous elle ressemble à une véritable eau de savon.

La première expérience que je pus faire sur les lieux fut de puiser à la source même de l'eau avec une coupe d'argent que j'avois emportée exprès; dans l'instant ce vase d'argent devint de plusieurs sortes de couleurs par taches, savoir: bleu d'acier recuit, noirâtre, rouge violet & jaune tirant sur le roux. Cela prouve évidemment que la crême qui paroît sur cette eau lorsqu'elle est stagnante, ou qu'elle coule lentement, n'est que du soufre provenant de la décomposition spontanée de l'hépar de ce minéral dans l'intérieur de la montagne. Je respirai à la fissure même du rocher : l'exhalaison qui en sort, est un hépar volatil, dont je fus presque suffoqué, & j'éprouvai à l'instant une douleur vive aux poumons; ma respiration me resta difficile, & j'ai ressenti pendant trois jours des picottemens vifs & douloureux dans toute la capacité de la poitrine.

Ayant un peu agité cette eau, & sur-tout la boue qu'elle dépose, il se répandit sur le champ, dans tous les environs, une odeur de foie de soufre décomposé, qui m'obligea de me retirer dans un endroit où l'air circule plus librement.

De retour à la source, je versai dans un verre de son eau un peu de jus de citron; à l'instant l'odeur devint plus fétide, l'eau se troubla un peu : au bout de trois minuttes, elle étoit limpide & inodore.

Je remarquai que dans les endroits où l'eau reste stagnante, sur-tout dans un petit canal de maçonnerie qui la conduit aux vaisseaux à indigo du Sieur Tardif, Propriétaire de cette terre, il s'amasse à la surfasse une crême légère qui est du véritable soufre, & il se fait dans le même endroit un précipité blanc composé de soufre & de terre absorbante, base de la pierre calcaire du rocher. Au lieu même où l'eau sort il se fait un dépôt de terre très-noire, très-fine & limoneuse. C'est évidemment de la terre martiale, mais je n'en ai pas fait l'essai, parceque je ne suis allé visiter cette source que pour y faire des premières observations.

Je goûtai l'eau au sortir du rocher, & en plusieurs endroits du canal de l'indigoterie; je lui trouvai un goût amer & très-désagréable. Prise à la source, à vingt pas de là, ce goût est déjà diminué de moitié, & à cinquante pas plus bas, il est encore plus foible; l'exhalaison fétide ne se faisoit presque plus sentir à onze heures & demie du matin, excepté à la source même, où elle me parut être la même.

Quoique tout le terrain des environs ne soit qu'un rocher, cependant les arbres y végettent bien & y sont d'une verdure plus foncée que les arbres & plantes qui en sont éloignées.

Je demandai au Sieur Bonseigneur, gérant de cette habitation, si l'eau de cette source influoit sur la fabrication de l'indigo, & si les Nègres qui n'en boivent point d'autre jouissoient d'une bonne santé : il me répondit que la macération de l'anil souffroit des variations étonnantes dans la durée, que quelquefois la fermentation spiritueuse étoit de vingt heures, & tomboit le lendemain à huit, sept, ou six heures, ce qui exige un soin scrupuleux de la part du fabricateur, parcequ'on ne peut presque jamais se régler sur la durée de la fermentation de la cuve antérieure. Quant à la qualité de l'indigo, elle se ressent peu ou point de celle de l'eau : j'examinai celui qu'on fabriquoit, il étoit du plus beau violet.

On me dit que les Nègres de cet atelier jouissoient de la meilleure santé; & ce qui prouve que l'économie animale ne souffre pas de la boisson de cette eau minérale, c'est que sur

quarante-cinq

quarante-cinq Nègres, qui composent cet atelier, il y en a une vingtaine qui ne rendent plus de service, par rapport à leur extrême vieillesse. On ne voit sur cette habitation ni crabes, ni pians, ni aucune maladie cutanée, tandis que les ateliers voisins, qui boivent d'autre eau, sont infectés de ces maladies.

Ces observations me font conclure que cette Eau minérale sulfureuse peut être employée avec succès en bains contre la galle, la plupart des ulcères, les crabes, pians & dartres, en joignant à l'usage de ces bains les remèdes intérieurs.

La situation de cette source, les rochers des environs, & les empreintes qui se voient sur plusieurs pierres qu'on en tire, me font attribuer la qualité de cette Eau à une mine de charbon de terre, au-travers ou au-dessous de laquelle elle passe. Les naturalistes savent qu'il se dégage de ces mines un foie de soufre volatil des plus fétides; que les eaux qui les traversent s'imprègnent de cette odeur qui se fait sentir à plusieurs lieues de distance, & qu'il se trouve dans les canaux où elles passent du soufre, tant à la surface qu'au fond de l'eau, & un peu de terre martiale, provenant de la décomposition spontanée du foie de soufre contenu abondamment dans ce charbon minéral.

N°. XII.

MÉMOIRE

Sur une Mine de Cuivre découverte dans le haut Mouſtique, quartier du Port-de Paix, en Juillet 1785. Par M. Gauché, *Habitant de ce quartier, & Associé du Cercle.*

L'Isle de Saint-Domingue contient beaucoup de sortes de mines. On en a parlé vaguement sur des apperçus, mais on en a peu ou point soumis à l'essai. Les premiers colons françois n'avoient pas assez de lumières : ceux qui y sont venus depuis, quoique plus éclairés pour la plupart, ne se sont occupés que d'objets capables d'avancer rapidement la fortune qu'ils sont venus y chercher. Les colons à qui le hasard découvre des mines sur leurs terres, gardent un profond silence, persuadés que le Gouvernement s'en empareroit, si elles parvenoient à sa connoissance. Le nombre des personnes instruites des principes de la minéralogie est si petit jusqu'à présent, qu'on n'a que des notions très-imparfaites, non seulement des espèces de mines, mais même des minéraux de cette colonie. Le Cercle des Philadelphes, qui se propose de cultiver toutes les branches de l'histoire naturelle, aura tout à faire dans celui-ci.

Il offrira au Gouvernement le tableau & le répertoire de ses richesses en cette colonie, & il pourra en faire usage au besoin.

Je donnerai l'histoire de la première mine de ce quartier que j'ai eu l'occasion d'examiner, & si mon travail est jugé utile, je m'occuperai, dans la suite, de l'essai & de la description des autres mines que je pourrai visiter, ou dont on voudra bien me procurer des échantillons.

Mais avant de commencer ce travail, je remplis, avec un plaisir inexprimable, un devoir des plus sacrés, en payant un tribut de reconnoissance à mon maître dans la science de la minéralogie. C'est aux ouvrages de l'illustre M. SAGE, de l'Académie Royale des Sciences de Paris, que je dois les connoissances de cette doctrine nouvelle pour nous. Je suivrai ses principes à la lettre, j'emploierai ses dénominations & ses définitions, & je serai sûr par-là d'être entendu de tous les amateurs de cette science.

A l'entrée du canton du haut Moustique, au Nord-Ouest dans la chaîne de montagnes, qui, comme je l'ai dit dans ma description du quartier du Port-de-Paix, formoit anciennement la côte, à trois lieues & demie du bord de la mer, se trouve la mine de cuivre dont je donne la description. Le terrein où elle se voit dès la surface de la terre, appartient aux mineurs enfans d'un Mulâtre nommé Boucaud Hardi.

Cette mine est la huitième espèce de celles de cuivre désignées dans les élémens de Minéralogie docimatique de M. SAGE, sous le nom de *mine de cuivre azurée, transparente, cristaux d'azur, de cuivre, ou fleurs de cuivre bleues.*

C'est un sel neutre minéral, formé par la combinaison naturelle de l'alkali volatil & du cuivre. Ses cristaux sont des grains polièdres transparens, du plus beau bleu d'azur, lorsque le minéralisateur (l'alkali volatil) n'est pas décomposé; mais cette belle couleur s'altère & devient verte, lorsque la décomposition de l'alkali volatil s'est opérée; alors la matière grasse de cet alkali se porte sur le cuivre, & il se forme de la malachite, qui se trouve en petits mamelons dans les cavités de ce minérai. Sa gangue est du spath calcaire transparent, ou cristal d'Irlande. Outre les cristaux de cuivre azurés, cette mine contient une substance brillante, lamelleuse, violette, parsemée de particules grises, qui est de la mine de cuivre vitreuse hépatique violette; c'est la cinquième espèce de M. SAGE. En suivant scrupuleusement les principes de ce célèbre chimiste, j'ai exposé un quintal fictif, cent grains de cette mine au feu: il s'est dabord fait une décrépitation occasionnée par le spath; l'alkali volatil est devenu libre, s'est dissipé, & le cuivre est resté sous forme de chaux noirâtre. La petite partie du mélange de mine de cuivre vitreuse violette après cette torréfaction, est devenue noire; on parvient facilement à réduire cette chaux métallique; il ne s'agit simplement que de la mettre dans un creuset brasqué, & la couvrir de poudre de charbon, & en lui donnant un feu vif pendant quinze à seize minutes, on obtient un culot ou régule de cuivre rouge, de la même couleur & de la même qualité que le cuivre de rosette. Le défaut d'appareils & de balance d'essai ne m'a pas permis de faire un essai rigoureusement exact de cette mine; mais nous savons, par les opérations docimatiques de M. SAGE, que toutes les mines de cette espèce qu'il a soumises à l'essai, rendent de 70 à 72 par quintal de mine, & que c'est la plus riche en cuivre après celle de Malachite, qui rend 75 livres.

J'ai aussi procédé, par la voie humide, à l'analyse de cette mine : après en avoir réduit cent grains en poudre, je les ai mis en digestion dans de l'alkali volatil fluor ; ce menstrue a dissous le cuivre, il a pris la couleur azurée la plus vive, & le spath calcaire a resté au fond du vase, avec les substances mêlées dans la mine de cuivre vitreuse violette : les matières étrangères au cuivre ayant été extraites & desséchées, elles ont pesé le tiers de la quantité réduite en poudre, mais il m'a paru que la dissolution totale de la partie cuivreuse n'étoit pas faite.

J'ai mis en digestion la même quantité de poudre de la mine dans de l'huile de vitriol étendue de huit parties d'eau ; l'acide vitriolique a bien dissous le cuivre, mais la dissolution, au lieu d'être bleue, n'avoit qu'une nuance de vert clair qui passe au bleu, ce qui prouve que l'huile de vitriol dont je me suis servi n'est pas pure, & qu'elle est mélangée d'acide marin. Il s'est formé deux sortes de précipités au fond du vase ; le premier étoit une poudre d'un vert gai, produit de l'acide marin, & celui de dessous étoit une poudre rougeâtre, ou plutôt violette.

La digestion de la même mine dans de l'esprit de sel lui a donné une teinte d'un vert si foncé, qu'il approchoit du brun : mais étendue de six parties d'eau, la dissolution est revenue à un vert gai : il n'y a eu qu'un précipité noirâtre.

Voulant m'assurer si les lames grisâtres & brillantes qu'on apperçoit dans cette mine, n'étoient pas du fer, j'ai versé un peu de dissolution par l'huile de vitriol, dans un verre, je l'ai étendue d'eau, & j'y ai mis de la poudre de noix de galles, qui n'a pas produit d'encre, ni de changement dans la couleur.

J'ai aussi introduit une lame de fer polie dans la digestion par l'acide vitriolique, & en moins d'une minute la surface a été couverte de cuivre.

Je m'attends que la plupart des colons vont dire : » A quoi » bon s'occuper de la recherche des mines ? la culture des terres » n'est-elle pas pour nous & pour la métropole beaucoup plus » avantageuse que l'exploitation des mines ? » Oui, sans doute : aussi ce n'est que comme naturaliste que j'en parle ; je pourrois cependant justifier l'exposition de ce genre de richesses naturelles, par les réflexions suivantes.

1°. L'exploitation d'une mine n'empêche pas la culture de la terre où elle se trouve, mais seulement d'une très-petite partie à la fois. Celle dont il est question est une terre usée par la culture de l'indigo, qui y a été très-abondant & du plus beau.

2°. On pourroit occuper à cette exploitation des hommes qui ne peuvent être occupés à la culture, tels que ceux qui sont condamnés aux galères.

3°. En réfléchissant au tribut que la France paie à la Suède, pour le cuivre qu'elle en tire, sur-tout aujourd'hui que le Gouvernement s'est décidé à doubler de ce métal presque tous les vaisseaux & frégates, un bon citoyen croit rendre service à sa patrie, en lui découvrant un moyen de plus de conserver son numéraire.

On ne manquera pas encore d'objecter que l'exploitation de mines quelconques seroit, sinon impossible, du moins très-dispendieuse en cette Colonie, à cause du défaut de charbon. A cela on répond que le bois est encore très-commun aux environs de la mine dont il est question ; mais ce qui est mieux, c'est que j'espère découvrir sous peu dans son voisinage une mine de charbon de terre. On sait qu'en faisant subir à la houille une espèce de torréfaction pour la priver de son huile bitumineuse & de son foie de soufre volatil, elle peut alors être employée avec succès dans l'exploitation de plusieurs sortes de mines, & suppléer au charbon végétal : la chaleur de ce dernier est même moins vive & moins active que celle du charbon de terre qui a subi la torréfaction dont on vient de parler ; on seroit cependant obligé de se servir du charbon de bois en poudre pour brasquer les creusets de fonte, mais la consommation n'en seroit pas considérable.

En temps de guerre on peut être réduit dans la Colonie à desirer ce métal, & je crois remplir un de mes devoirs, en indiquant l'endroit où il peut se trouver : le même motif m'engagera à faire la recherche d'autres mines, & à en donner la description, afin de prouver au Gouvernement que le Cercle des Philadelphes peut, autant qu'une autre Société, prendre cette devise : *NON NOBIS, SED REI PUBLICÆ NATI SUMUS.*

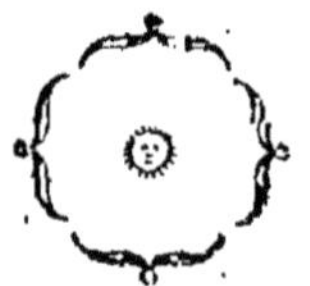

N°. XIII.

VOYAGE

MINÉRALOGIQUE,

Fait à Terre-Neuve, par le R. P. Thimothée, *Curé du Port-de-Paix,* & *M.* Gauché, *le 30 Janvier 1786.*

Nous partîmes du Port-de-Paix le 30 Janvier, dans l'intention d'aller visiter les mines du canton de Terre-Neuve, situées dans le quartier du Port-à-Pimént, & dont on faisoit des rapports singuliers, & capables d'exciter la curiosité des minéralogistes. Pour nous y rendre, nous traversâmes la chaîne de montagnes qui sépare le Port-à-Piment du canton du Moustique, afin d'examiner la nature des pierres dont ces montagnes sont composées, & d'observer les divers minéraux qui s'y rencontrent. En montant le long de la ravine, dite du Bœuf, nous observâmes que la base de ces mornes est d'une pierre calcaire feuilletée, d'un grain fin & serré, & qui paroît être provenue d'une marne pétrifiée ; à peu près au tiers de la gorge, sur l'habitation du Sieur Renaud, nous observâmes que les mornes, dans la direction du Nord, sont composés d'un grain grossier, sablonneux, & dans lequel on apperçoit des indices de mine de cuivre, mais pauvre, au moins à la superficie. Les pyrites martiales y sont plus abondantes, & le sol qui en est rempli est d'une végétation beaucoup plus vigoureuse que celui qui est cuivreux. En montant jusqu'au haut de la montagne, nous ne vîmes que des blocs considérables de pierre calcaire ; le sol y est en général ou calcaire, ou marneux, quoique la superficie soit une terre rouge, & ressemble à de l'ocre martial. Cette couleur nous a paru être due à la décomposition spontanée des feuilles & des bois qui couvrent ce terrein. Celui-ci a été souvent incendié par divers accidens, ce qui a donné une couleur rouge à cette argile ferrugineuse. Au sommet de la montagne, qui est élevé d'environ 1500 pieds au-dessus du niveau de la mer, est une fort belle plateforme, qui offre aux curieux le plus bel observatoire naturel. C'est le point de vue le plus étendu & le plus varié qui se puisse voir dans les colonies. Nous ne pûmes, à cause de la brume, observer ce vaste horizon, le soir de notre arrivée ; mais nous profitâmes avec avidité du lever du soleil le lendemain. D'une plateforme particulière qui domine sur la grange, on voit, pendant un temps serein, vers l'Ouest, l'isle de Cube, dans le Sud, l'isle de la Gonave, l'entrée de la baie de S. Marc, tout ce qui sort du canal de la Gonave, faisant route pour le Nord, la bande de l'Ouest, & sur-tout la bande du Sud de S. Domingue jusqu'au trou d'enfer, & même devant le cap Dame-Marie. On voit, d'une autre petite plateforme peu éloignée de la première, tout ce qui se présente pour entrer dans la baie du Môle Saint-Nicolas. Dans le Nord, on suit les vaisseaux & les convois vers les débouquemens ; la vue se perd dans l'Océan. En la ramenant vers notre Isle, on découvre depuis la pointe du Môle jusqu'au canal de la Tortue, & en parcourant l'horizon vers l'Est, on apperçoit non-seulement les bâtimens qui se présentent devant le Cap ; mais la vue s'étend jusqu'à la Grange & devant Monte-Christ. Sur un des côtés du sommet de cette montagne, nous examinâmes une cavité en forme de cône renversé, & qui avoit été soupçonnée être le cratère d'un ancien volcan ; nous n'apperçûmes aucune pierre ni aucune substance volcanisée, & nous vîmes clairement que cette excavation étoit l'effet des eaux pluviales qui se rassemblent en ce lieu fait en cul de lampe, & filtrent à travers les lits de rochers de pierre calcaire qui composent cette montagne. Ce qui prouve qu'il y a des couloirs assez ouverts, c'est que l'on nous a assurés qu'il y avoit, après certains orages, trente à trente-cinq pieds d'eau, qui disparoissoient totalement cinq ou six heures après. Toute cette crête de montagne est couverte d'une forêt de pins, parmi lesquels il y en a de beaux, & qui pourroient servir à la moyenne & à la petite mâture. Sur le côté qui regarde le Nord, & par lequel nous montâmes, nous vîmes une prodigieuse quantité d'une espèce de lobélia non encore observée à Saint-Domingue. Nous devons encore remarquer que la température de l'air de l'habitation Desbordes est si différente de celui qu'on respire un instant avant d'y arriver, qu'il est très-prudent de se bien couvrir.

Nous descendîmes cette montagne, qui est coupée à pic du côté du port-à-Piment, nous vîmes dans cette face que la pierre calcaire est la plus abondante. Il y a à mi-côtière quelques rochers de grez ferrugineux, & une terre pyriteuse. Au pied du morne, en arrivant dans la plaine, nous observâmes une mine de cuivre grise ; elle est d'un gris peu foncé, assez brillante dans sa fracture & peu fragile ; elle contient du cuivre, du fer, du soufre, de l'arsenic, & très-peu d'argent. Cette mine est située à côté du parc de la hatte du Sieur Chauvelin.

Nous arrivâmes aux eaux de Boynes à dix heures du matin : à dix heures un quart nous plongeâmes le thermomètre de Réaumur dans les différentes sources, & le mercure monta précipitamment, comme M. Gauché le dit dans son Analyse de ces Eaux minérales. Nous partîmes après midi pour nous rendre à Terre-Neuve. Après avoir parcouru dans le Sud-Est une lieue & demie de la plaine du Port-à-Piment, nous arrivâmes dans la gorge formée par les deux principales chaînes de montagnes de Terre-Neuve. C'est une ravine large de cinquante à cent ou cent-cinquante pieds, coupée par les eaux dans le roc vif, sur une profondeur de trois à quatre cent pieds ; il y a sur un des côtés un superbe chemin de voiture fait sous la direction du feu Sieur Brabant, Commandant des Milices de ce quartier. Nous parcourûmes quatre lieues & demie dans cette ravine, sans observer autre chose que de la pierre calcaire, dont toute cette partie absolument stérile est composée. A cinq lieues des Eaux de Boynes, nous trouvâmes un établissement en indigo dans la même gorge, qui en cet endroit s'élargit selon diverses sinuosités, & a environ un demi-quart de lieue de large. Cette petite plaine a été formée par les alluvions, & nous observâmes dans son sol, qui est tout de rapport, un mélange de toutes sortes de pierres roulées ; le grez, les pierres ferrugineuses, le mica, nous annonçoient que nous allions cesser de rencontrer par-tout des pierres calcaires. A une petite lieue plus haut, nous trouvâmes encore une indigoterie, qui, ainsi que la première, appartient à la succession Brabant : le gérant nous y donna l'hospitalité, & nous informa pendant la soirée, des particularités qu'il avoit apprises sur les mines des environs ; nous vîmes, par la correspondance qu'il nous montra d'un charlatan à baguette divinatoire, un autre Jean-Jacques Aimar, qu'il y avoit des Habitans voisins persuadés non-seulement qu'ils possédoient des mines d'or, mais même de l'or monnoyé & caché dans la terre, de vrais trésors que les Espagnols avoient enfouis lorsqu'ils furent chassés de ces parages, sur la fin du siècle dernier, par les flibustiers de la Tortue ; cela nous fut confirmé les jours suivans par les entretiens que nous eûmes avec quelques habitans qui veillent ces trésors, & qui nous débitèrent des contes si absurdes, qu'il seroit indécent de les rapporter. Tout le fonds de l'indigoterie Brabant est composé de terres & de pierres d'alluvion. Nous observâmes tout près de la maison, & à-peu-près au milieu de la gorge, un petit tertre, tout composé de pierres aussi parfaitement arrondies que si elles eussent été tournées ; elles varient singulièrement en grosseur ; les deux termes extrêmes peuvent se comparer à la balle de pistolet & au boulet de 24 livres. La matière de ces corps sphériques est une mine de fer dans une gangue partie quartzeuse, partie argilleuse (1) : toutes les costières voisines montrent des mines de fer de différentes espèces.

Nous nous rendîmes sur une troisième indigoterie, qui appartient encore à la succession Brabant, & située à une demi-lieue au-dessus de celle où nous avions couché. Nous visitâmes l'endroit où l'on nous avoit assurés qu'étoit située anciennement la fonderie des mines d'or des Espagnols. On ajouta qu'un particulier avoit retiré de là, il y avoit peu d'années, plusieurs quintaux de mercure crud, renfermé dans des vases de grez, des enclumes, &c. Cela paroît d'autant moins vraisemblable,

---

(1) *Ce sont des géodes mamelonées, faisant feu avec le briquet, n'étant pas attaquables par les acides.*

que cet endroit est au milieu de la gorge sujette à de grandes inondations dans le temps des pluies, & précisément dans le lieu où la montagne se bifurque, & forme deux gorges plus évasées que la première, mais bien plus rapides; la fouille que l'on a faite dans l'endroit de ce prétendu ancien établissement, a environ dix-huit pieds de profondeur, sur 12 à 14 de diamètre, & sert de four à chaux. Toute cette profondeur est de roches rouillées & de terres d'alluvion, & ne laisse appercevoir aucun indice de bâtimens; d'ailleurs le site du lieu détruit cette présomption. On nous indiqua ensuite l'endroit où l'homme *à baguette* avoit trouvé une mine d'or. C'est une fouille de sept à huit pieds de profondeur, sur l'écore droit de la petite rivière. Le gérant de l'habitation Brabant fit fouiller ce qui se présentoit d'un filon que nous lui montrâmes, & le peu qu'on en put extraire ne nous donna que quelques parcelles fort rares de l'espèce de *mica*, appelé *or de chat*, ou sable doré.

Le premier & le 2 Février, nous parcourûmes l'habitation du Sieur Lamarque. Ce terrein, qui est au commencement de la gorge gauche en montant, est, ainsi que les concessions voisines situées dans la même gorge, toute mine de cuivre & de fer dès la superficie du sol; on y distingue presque toutes les espèces de ces mines; il y a des mamelons de rochers où les mines de cuivre paroissent très-riches; & nous n'eussions pas manqué d'en rapporter des échantillons, si nous eussions été pourvus de quelques outils & manœuvres; le défaut de secours nous a privés de cette satisfaction. Nous pouvons assurer que ce vallon nous a paru un des plus riches de la terre en mine de cuivre & de fer, sur plusieurs lieues d'étendue, car sur la cafeyère du Sieur de Mirail, qui est à une grande lieue plus haut, en tirant du côté des Gonaïves, la mine paroît encore plus abondante. Tout ce minérai pourroit être facilement exploité, & même se rendre au Port-à-Piment par un chemin superbe. Nous n'avons vu aucun indice des mines d'or de Terre-Neuve, dont on parle depuis si long-temps ; nous n'avons pu obtenir aucun renseignement à ce sujet ; les Habitans que nous avons consultés, nous ont répondu qu'ils n'en avoient connoissance que sur des ouï-dire ; les rochers que nous avons examinés ne nous ont pas paru de nature à contenir des mines d'or, les paillettes dorées que l'on dit être entraînées par les rivières de Terre-Neuve, ne sont que du mica. Quoique rien ne végete sur ces mines, mais seulement dans les petites ravines que forment les mamelons du rocher, & où se portent les terres des dégradations supérieures, nous observâmes & nous cueillîmes la verveine rouge sur les mines de cuivre ; c'est la *verbena lappulacea* du *Species plant.* de Linnée. Sloane la désigne par cette phrase : *Scorodonia floribus spicatis purpurascentibus pentapetaloidibus* (1).

Ne pouvant nous procurer ni éclaircissemens, ni guides, nous ne poussâmes pas plus loin nos recherches minéralogiques à Terre-neuve. Nous retournâmes, le 3 Février, aux Eaux de Boynes, & nous remarquâmes que le lit de la rivière étoit ombragé, presque d'un bout à l'autre, par des arbrisseaux de rocou de 12 à 15 pieds de hauteur. C'est le *Rixa orellana* de Linnée (2). Nous apprîmes que la multiplication de ce bel & utile arbrisseau étoit due aux soins du feu Sieur Brabant, qui y avoit planté les premières graines.

---

(1) *Spec. Plant. tom. I, p. 18. Diccnd. monogyn.*

(2) *Spec. Plant. Poly. monogyn. tom. I, p. 512.*

M. Gauché profita du petit séjour que nous fîmes aux eaux, pour aller examiner un commencement de fouille fait devant la maison de la succession Courrege, & il en rapporta des échantillons de gypse qu'il recherchoit depuis long-temps, presque à la surface de la terre, & au pied d'un petit tertre séparé par une ravine de celui où sourdent les eaux. Sous une couche de terre calcaire très-blanche, on trouve assez abondamment du plâtre de différentes cristallisations, mais sur-tout la sélénite cunéiforme, appelée aussi pierre spéculaire, miroir d'âne, & le gypse ou sélénite striée.

Cette carrière, si elle est abondante & étendue, sera plus utile à la Colonie que la mine d'or la plus riche, d'autant plus qu'elle est située en plaine, & à deux petites lieues du bord de la mer. Le chemin de voiture est fait, & des plus beaux de l'isle. Cette importante découverte nous consola du peu de succès de notre voyage de Terre-neuve, & contribuera à nous encourager à en entreprendre d'autres, dont le but sera toujours l'utilité publique.

N°. XIV.

EXTRAIT

D'un Mémoire ſur le Sel commun que l'on fabrique au Quartier d'Aquin; ſur ſes qualités, ſon uſage, & le commerce que l'on peut en faire. Par M. Decoux, M^e^ en Chirurgie, Associé du Cercle, à Aquin.

L'USAGE du sel commun est très-étendu : il est employé en chimie, dans les arts & dans les cuisines. On observe que la plupart des animaux en sont avides, & que ceux qui paissent les herbes qui en sont imprégnées, en sont plus gras & plus forts.

Le sel favorise la digestion. Comme tous les maîtres n'ont pas l'attention d'en fournir à leurs esclaves, les Nègres qui en sont privés pendant quelque temps, sont exposés à la cachexie, que l'on nomme mal d'estomac.

Le sel marin, employé en grande quantité, sert à préserver les viandes de la putréfaction, mais une petite quantité de ce sel ne fait que l'accélérer.

Les

Les grands mangeurs de sel sont sujets aux indigestions, & à toutes les maladies qui en dépendent.

On emploie le sel marin à l'extérieur, dans les plaies & les contusions ; il augmente les ressorts de l'oscillation des vaisseaux, & il aide la résolution des sucs épanchés & stagnans.

En cotoyant cette isle, on découvre, de distance à autre, des côtes basses, sur lesquelles la mer s'élève dans plusieurs endroits, de manière qu'il reste une certaine quantité d'eau lorsque la mer se retire, qui étant évaporée par le soleil, laisse sur les marais un sel marin très-abondant.

Il y a beaucoup de ces marais dans le quartier d'Aquin. M. Blin Duverger en possède plusieurs, qui lui fournissent un certain revenu.

Si l'art vouloit aider la nature, les habitans d'Aquin pourroient exporter une très-grande quantité de sel. Douze Nègres pourroient faire aisément deux cents quarante milliers de sel, & en ne le vendant que six livres le quintal, chaque Nègre pourroit rapporter à son maître une somme de douze cents livres.

On ne doit pas être inquiet sur le débouché de cette denrée : la majeure partie de l'archipel Américain n'en a pas, soit que les habitans ne veulent pas en fabriquer, soit que la disposition des côtes n'y soit pas favorable.

Le peu d'élévation des marées à Saint-Domingue n'est pas une raison qui empêche de former des marais salans : la hauteur moyenne de la marée est à peu près d'un pied & demi ; il y a beaucoup de côtes dans la colonie qui ne sont guère plus élevées que d'un pied au-dessus du niveau de la mer ; or, avec cet avantage, il est aisé de former des marais salans aussi beaux que ceux de la Saintonge, de l'Aunis & de la Bretagne, & ils rendroient davantage, parceque l'on pourroit y fabriquer du sel pendant presque toute l'année, au-lieu que l'on ne peut en faire en Europe que pendant l'été.

Si les Américains trouvoient à se charger de sel sur nos côtes, ils en prendroient en échange de leurs cargaisons de bois & de salaisons.

Cependant on croit que le sel que l'on fabrique sur nos côtes est inférieur à celui que l'on fait en France; il est plus blanc, mais moins salé; ses cristaux sont moins gros que ceux du sel de Saintonge ou d'Aunis: on craint qu'il ne soit moins propre à conserver la viande ou les autres salaisons.

La mer étant portée en gros volume dans les aires, y subit une évaporation trop prompte, qui nuit à la régularité de la cristallisation; le fond de ces aires n'est pas battu par une terre glaise impénétrable à l'eau. Il est d'ailleurs probable qu'il se forme beaucoup de sel marin à base terreuse, car ce sel s'humecte facilement, & il tombe en déliquium.

Il faudroit former des canaux longs & tortueux, pour conduire l'eau dans des aires battues & tapissées de terre glaise; l'eau, par ce moyen, subiroit dans les canaux un premier degré d'évaporation, qui faciliteroit la formation régulière des cristaux par l'évaporation qu'elle subiroit dans les aires.

N°. X V.

EXTRAIT

D'UNE lettre sur les Salines de l'Artibonite. Par M. Bertrand de Saint-Ouen, Ingénieur Hydraulicien, Associé du Cercle, en date du 25 Novembre 1785.

DEPUIS l'origine de la Colonie, les Frères de la Côte se sont habitués à l'embouchure de la rivière de l'Artibonite. La pêche, la fabrique du sel, le cabotage en temps de paix, la flibuste, & la course en temps de guerre, ont été leurs occupations ; ils étoient sans propriété, sans police, sans loix ; quelques usages bizarres qu'ils avoient adoptés, servoient de code à leur république, qui étoit autrefois très-nombreuse, mais qui est réduite à présent à une centaine d'individus.

Lorsque la vente du sel, du poisson salé, étoit insuffisante à leurs besoins, & qu'ils s'ennuyoient de vivre dans le repos, ils faisoient des incursions sur les mers & sur les côtes Espagnoles, & les pirateries étoient, suivant les circonstances, excitées, tolérées ou réprimées par le Gouvernement François.

Chassés à diverses fois, mais toujours attirés à l'embouchure de l'Artibonite, qui est très-propre pour fournir une bonne saline, les Frères de la Côte ont continué d'y vivre à leur guise, sans que les Administrateurs aient pris un parti décisif à leur égard.

On avoit déjà concédé le terrein propre à la fabrique du sel, & les saliniers, qui, dans leur indépendance, n'avoient pas songé à demander la propriété du terrein qu'ils employoient, étoient réduits, depuis quelques années, à exister sur les cinquante pas du Roi, au long de la mer.

Les concessionnaires voisins cherchèrent à les expulser : ils étoient sur le point de brûler leurs cabanes, & de s'embarquer pour les isles Turques, où l'on fait une petite quantité de sel, qui est très-âcre, lorsque les Administrateurs ont senti qu'il convenoit de ne pas laisser éloigner des hommes qui pouvoient procurer à la colonie une denrée nécessaire, dont la privation en temps de guerre, a causé de grandes mortalités parmi les esclaves, & qui pouvoit devenir un objet d'échange avec les Américains, qui sont unis à la France par des liaisons politiques.

On jugea à propos, d'après ces vues, de réunir au Domaine du Roi une partie du sol qui avoit été concédé, & on l'accorda, en toute propriété aux saliniers, à condition qu'ils formeroient des aires régulières, & qu'ils bâtiroient solidement, d'après les alignemens qui leur seroient tracés. C'étoit sans doute le seul moyen de fixer les saliniers, de les soumettre aux Loix, & de les attacher à la défense de nos côtes.

Cette opération a été contrariée long-temps par des vues d'intérêt particulières : mais toutes les oppositions ayant été levées, & toutes les intrigues déconcertées, M. Bertrand de

Saint-Ouen a reçu des Administrateurs une commiſſion pour diriger cet établissement (1).

Outre la grande ravine qui formera un établissement de quarante carreaux de terre, à l'embouchure de l'Artibonite, il y a d'autres Salines détachées qui s'étendent depuis la pointe de Saint-Marc, dite Boucan de Folleux, & autour de la baie du Grand Pierre jusqu'à la baie Tortue, ce qui forme un espace de six à sept lieues de côtes, sur une lizière de cent pas de large. Toutes ces salines peuvent produire cette année même de 150 à 160 mille barils de sel, & plus du double dans la suite. Ce produit surpasse déjà de 100 mille barils les besoins de la colonie, & cet excédent peut représenter, en échange avec les Américains, la valeur de cent à cent cinquante mille gourdes.

On sait que l'on peut établir quelques salines à Corydon & aux anses du Port-à-Piment; mais les entreprises utiles aux propriétaires d'un sol qui ne peut être appliqué à aucune culture, ne peuvent désormais exciter un grand intérêt dans la colonie, déjà pourvue du double de sa consommation, à moins

---

(1) *La mort de ce citoyen reſpectable a ſuſpendu tous les projets utiles qu'il avoit formés pour augmenter les richeſſes de l'Artibonite. Les regrets des Habitans les plus honnêtes, réunis à ceux des pauvres, à qui M. Bertrand donnoit des conſeils & des ſecours généreux, font de lui le plus bel éloge. M. Arthaud a donné, dans la séance publique du Cercle, du 15 Août 1788, le détail de toutes les actions louables que M. Bertrand a faites. La mort de pareils Habitans est une perte que la Colonie répare difficilement, & leur conduite est bien faite pour ſervir de modèle.*

que l'on ne juge convenable de favoriser l'exportation d'une denrée dont la nature a fait un don exclusif à cette colonie (1).

Les Américains, qui font un commerce considérable de salaisons, préfèrent le sel de Saint-Domingue à celui des Isles Turques; ils le mettent même au-dessus de celui de Portugal & de France, parcequ'il conserve mieux le goût de la viande & du poisson, & qu'il les racornit moins.

---

(1) *Cette idée de M. Bertrand de Saint-Ouen n'est pas juste. Les Anglois & les François faisoient autrefois à Saint-Christophe une si grande quantité de sel, qu'on pouvoit en charger jusqu'à trente navires étrangers. Cependant il y avoit des années stériles, comme en 1639. Les habitans des deux nations s'entrebattirent pour faire leur provision plus abondante, & il y en eut plusieurs de tués & de blessés de part & d'autre. Voyez* Établissemens des François aux Antilles de l'Amérique, par le R. P. Dutertre, tom. I, p. 136.

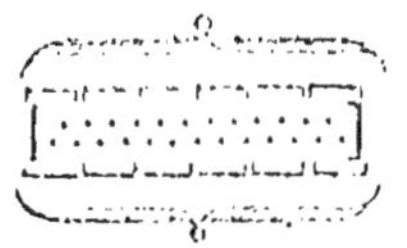

N°. XVI.

ANALYSE

D'une pierre argileuſe-cuivreuſe des environs du Fort-Dauphin. Par M. Auvrai, *Aſſocié du Cercle, & l'un des Directeurs de la Chambre du Commerce.*

CETTE eſpèce de mine ſe trouve ſur l'habitation de M. Marcadé, ſituée ſur le bord de la mer dans la baie, & à l'Oueſt du Fort-Dauphin. LOCAL.

Cette pierre a les caractères que préſentent les pierres argileuſes. Elle eſt couverte d'une eſpèce de rouille brunâtre. On remarque dans ſes fractures une couleur verte très-claire. Quelques-unes ſont parſemées de taches blanchâtres & de parties quartzeuſes, d'autres laiſſent appercevoir des traces de pyrites : la partie ſupérieure eſt couverte d'un toît quartzeux, ſur lequel on remarque des taches de rouille ferrugineuſes. Ce toît donne beaucoup d'étincelles avec le briquet. La pierre cuivreuſe en donne auſſi quelques-unes, à cauſe des parties quartzeuſes qu'elle contient. Propriétés extérieures.

Nous n'avons fait ouvrir qu'un ſeul trou, & à deux pieds de profondeur nous avons rencontré les pierres cuivreuſes. Nous n'avons pu nous aſſurer par nous-mêmes de la direction, extenſion & profondeur du lit, parceque cela exigeoit un travail long

& pénible ; mais d'après les informations que nous avons prises du propriétaire, le lit paroît fort étendu.

Pesanteur spécifique de la pierre argileuse-cuivreuse.

A l'air libre . . . . 1152 grains.
Dans l'eau distillée . . . . 926 . . . .

Donc la pierre pesée à l'air libre est à celle pesée dans l'eau distillée comme 576 . . . . à . . . . 473.

Nous observons que n'ayant pas de balance hydrostatique, nous avons pris le moyen qui pouvoit en approcher le plus, en plongeant un côté de la balance ordinaire dans un vase rempli d'eau distillée, & rétablissant l'équilibre.

Séparation des principes par l'eau.

Si l'on triture une quantité donnée de la pierre argileuse dans l'eau, & qu'on sépare les produits à raison de leur pesanteur spécifique, on obtiendra :

1°. Des fragmens de quartz ;

2°. Un sable fin, mêlé de chaux de cuivre ;

3°. Une argile liante & de couleur brune claire.

Action du feu.

Nous avons exposé à l'action du feu de forge 2382 grains à travers les charbons de bois. Le feu a été violent, & a duré trente minutes ; le produit a été une masse vitriforme, de couleur rouge-brun : comme le vase qui servoit de creuset a lui-même coulé, il nous a été impossible de peser le résultat.

La matière pulvérisée nous a présenté quelques portions de cuivre sous forme métallique, & l'aimant a attiré quelques particules de fer, mais en si petite quantité qu'il nous a été impossible de les rassembler.

Réduction de la substance métallique.

Nous avons fait le mélange suivant, & exposé à l'action du feu de forge entretenu avec le charbon de bois :

Pierre cuivreuse . . . . 200 grains.
Borax pulvérisé & calciné 100
Charbon pulvérisé 100

Le produit a été :

1°. Une substance vitriforme, de couleur verte ;

2°. Des globules de cuivre rouge, qui, rassemblés, ont pesé 25 grains.

Cette opération a été répétée plusieurs fois. Il résulte que cette pierre argileuse contient 12 lb. 1/2 par quintal, le grain simulant une demi-livre.

C'étoit peu d'avoir démontré la quantité de cuivre contenu dans cette pierre, il falloit nous assurer des autres substances qui y étoient jointes, ce que nous avons fait au moyen de l'analyse menstruelle.

Nous ne rendons compte ici que des expériences qui nous ont donné des résultats certains, & qui mèneront à la connoissance des principes constituans.

Analyse par l'acide nitreux.

Il est bon d'observer qu'avant de faire aucune opération sur cette pierre argileuse, nous avons pris différens échantillons; nous les avons pulvérisés & mêlés ensemble, pour que les résultats fussent moins dans le cas de nous tromper.

L'acide nitreux dont nous nous sommes servi étoit à l'eau distillée dans les proportions de 101 à 82.

Nous avons pris de la pierre argileuse 144 grains. Nous avons versé dessus une once de notre acide nitreux, il y a eu effervescence, & la liqueur a pris promptement une couleur verd-bleuâtre: le mélange à resté en digestion pendant 48 heures, & à la seule chaleur de l'atmosphère.

Au bout de ce temps, nous avons décanté la liqueur, & nous avons versé sur le résidu une nouvelle quantité d'acide égale à la première: il n'y a point eu d'effervescence, l'acide s'est chargé de couleur comme dans la première opération; mais après quarante-huit heures de digestion, nous avons observé que le résidu étoit totalement décoloré: nous avons réuni les deux dissolutions, lavé le résidu avec de l'eau distillée; & séché au feu de sable, il s'est trouvé peser 75 grains. Il étoit blanchâtre. La dissolution évaporée à consistance convenable nous a donné des cristaux bleus, qui attiroient puissamment l'humidité de l'air, & en tout conformes à ceux résultans de la combinaison du cuivre avec cet acide.

Nous avons voulu nous assurer si le résidu ne contenoit pas de parties cuivreuses ni dissolubles, & pour y parvenir nous avons versé sur les 75 grains 2 onces de notre acide nitreux, nous avons fait bouillir le mélange, quoique la liqueur surnageante ait pris une légère couleur verte, nous n'avons pu, ni à l'aide de l'alkali fluor, ni de l'alkali Prussien, trouver aucun indice de la présence du cuivre.

Nous observons que la liqueur étoit fortement acide, & n'a pu fournir de cristaux.

Le résidu lavé & séché comme dans l'opération précédente s'est trouvé peser 66 grains.

D'après cette opération, nous avons eu 78 grains qui ont été dissous, dont 69 pour la première dissolution, & neuf dans la seconde.

Analyse par l'acide vitriolique.

Comme cette analyse a été répétée, nous allons rendre compte successivement de nos opérations & de leurs résultats.

Première opération.

L'acide vitriolique que nous avons employé pesoit 9 onces 5 gros 12 grains, dans une bouteille contenant cinq onces 1 gros d'eau distillée.

Nous avons pris 144 grains de la pierre argileuse, nous avons versé dessus une once d'acide vitriolique affoibli par une once d'eau distillée.

Il y a eu effervescence ; la liqueur a pris très-promptement une couleur bleue, nous avons abandonné ce mélange à la chaleur de l'atmosphère pendant 48 heures. Nous avons alors décanté la liqueur & versé sur le résidu la même quantité du même acide & d'eau distillée. Deux jours après, nous avons trouvé au fond du vase des cristaux de vitriol bleu. Nous les avons dissous dans l'eau distillée, & lavé complétement le résidu, qui, séché, pesoit 82 grains ; il étoit blanc. Nous avons rassemblé les deux dissolutions, & nous avons précipité la substance cuivreuse au moyen du fer, comme ayant plus d'affinité avec l'acide vitriolique que n'en a le cuivre en effervescence. Nous avons traité le précipité avec le sel sédatif & le charbon ; quoique nous n'ayions pu obtenir en culot métallique le cuivre révivifié, nous avons rassemblé les globules épars ; nous avons, au moyen de l'aimant, séparé les parties ferrugineuses. Le cuivre ainsi nétoyé pesoit 17 grains forts.

Sur le résidu que nous avons dit peser 82 grains, nous avons versé deux onces de notre acide vitriolique, & fait bouillir le mélange, l'acide s'est noirci & concentré : le résidu lavé & séché avec les précautions déjà indiquées, a pesé 65 grains. Nous nous sommes assurés par l'alkali volatil & l'alkali Prussien que la liqueur ne contenoit plus de cuivre en dissolution.

Deuxième opération par l'acide vitriolique.

Nous nous sommes servi dans cette opération de la même quantité de pierre, & nous avons versé dessus 1152 grains de notre acide vitriolique avec égale quantité d'eau distillée, mais nous avons fait bouillir le mélange. Nous avons obtenu par le refroidissement des cristaux de vitriol bleu ; la terre a paru entièrement décolorée ; lavée & séchée, elle s'est trouvée peser 74 grains.

Ce résidu est assez conforme à celui que nous avons obtenu par la dissolution, au moyen de l'acide nitreux, à un grain près.

Sur le résidu, nous avons jeté de nouvel acide vitriolique. Le mélange a subi l'ébullition, & le résidu lavé & séché a pesé 66 grains.

Nous avons uni la première & la seconde dissolution avec l'eau distillée qui nous a servi à laver le résidu. Il s'est formé au fond du vase, par le refroidissement, un résidu contenant de la sélénite & de la terre epsonneuse. Il surnageoit une liqueur verdâtre.

Prenant le terme moyen des résultats de nos opérations, voici le tableau analytique de la pierre argileuse-cuivreuse.

PESANTEUR.... 144 GRAINS.

NOMS des PRODUITS.	QUANTITÉS.	OBSERVATIONS.
CUIVRE réduit sous forme métallique.	17 gr. & demi.	La substance métallique se trouvant dans la pierre sous forme de chaux, il doit y avoir eu une diminution dans le poids.
PARTIES non dissoutes. 1°. Argile dépouillée de sa partie colorante. 2°. Fragment de quartz. 3°. Gaz méphitique.	65 gr. & demi.	Faute d'instrumens commodes, nous n'avons pu mesurer la quantité du gaz méphitique.
PARTIES non métalliques dissoutes dans les acides. 1°. Terre calcaire. 2°. Terre epsonneuse. 3°. Une petite portion d'argile.	61 grains, environ,	ne posant cette quantité que pour équivaloir à notre masse de 144 grains : car, faute d'instrumens & d'appareil convenables, nous n'avons pu fixer la quantité de chacune de ces matières ; mais nous sommes assurés de leur existence.
	144 grains.	

N.° XVII.

OBSERVATIONS

FAITES par M. Arthaud, *Médecin du Roi, au Cap, & Secrétaire perpétuel du Cercle des Philadelphes, ſur des incruſtations végétales, ſur des oſtéocoles envoyées au Cercle par M.* Millot, *Habitant au Bonnet, Aſſocié du Cercle des Philadelphes, ſur une incruſtation minérale, & ſur une caverne obſervée dans la grande colline du Borgne, partie du Nord, dépendante du Cap.*

LES pétrifications, les ostéocoles, les incrustations, sont des espèces de stalactites, formées par le dépôt des particules pierreuses, dissoutes dans certaines eaux qui roulent sur un terrain calcaire & sablonneux. Ces particules se déposent sous une forme régulière, sur la surface des végétaux & dans leurs pores, à mesure que leur substance se décompose.

Les stalactites sont en général le moyen par lequel les cavernes, les grottes, qui se trouvent dans le sein des montagnes se remplissent successivement. Nous avons visité en mil sept cent soixante-dix-sept, une caverne très-étendue, dans la colline du Borgne, sur l'habitation Gazin, au flanc des côtes de fer. Personne n'y avoit encore pénétré, parceque l'entrée en est fort basse, & que l'on croyoit y entendre un murmure que l'on attribuoit à un courant d'eau. Cette caverne est composée de sept grottes très-spacieuses & fort élevées. On sent, en y entrant, un vent assez considérable : il y a dans la dernière chambre beaucoup de chauves-souris, & on y voit dans le fond des monceaux de roches, qui paroissent y avoir été entassés par l'éboulement de quelques-autres cavernes. Toutes ces grottes sont superbement décorées par des masses de stalactites en nappes, en Pyramides renversées, en entonnoirs coniques, placés dans les voûtes ; nous n'avons pas eu le temps d'examiner ce lieu sombre, que l'on peut regarder comme un des arsenaux de la nature, parceque nos flambeaux étoient prêts de s'éteindre. Nous avons trouvé dans la première grotte plusieurs ossemens humains, des fétiches de diverses formes ; plusieurs Priapes de grandeur naturelle, très-bien imités, & d'une pierre siliqueuse fort dure ; quelques fragmens de vaisselle Caraïbe, deux entr'autres, qui formoient une petite écuelle assez jolie, ornée de moulures qui ne manquoient pas de goût : ces monumens de destruction ne permettent pas de douter que cette première grotte n'ait servi de retraite ou d'habitation à quelques naturels du pays ; peut-être est-ce dans ces lieux solitaires & sauvages qu'ils venoient terminer leurs malheurs, en fuyant les poursuites des Espagnols ? Il y a plusieurs cavernes dans la colonie, elles sont toutes l'ouvrage de la nature ; elles se rempliront successivement pas l'instillation & la concrétion du suc lapidifique, à moins qu'un ébranlement souterrain n'en produise l'affaissement, ce qui ne paroît pas impossible, car toutes les masses qui nous étonnent offrent à peine quelque résistance aux forces de la nature. C'est, sans doute, aux bouleversemens produits par des tremblemens de terre, que l'on doit attribuer l'affaissement de quelques montagnes, l'inclinaison en sens contraire des couches qui les composent, & l'apparence ondée que plusieurs présentent dans leur sein.

Suivant M. de Buffon, l'incrustation est le moyen aussi simple que général par lequel la nature conserve, pour ainsi dire, à perpétuité, les empreintes de tous les corps sujets à la destruction. On peut regarder les incrustations comme faisant partie des annales du monde ; elles servent à indiquer les époques de la nature : c'est par elles que l'on a jugé que les climats les plus froids avoient produit les plantes qui n'appartiennent qu'aux pays chauds, ce qui permet de soupçonner la révolution infinie dont nous ne connoissons qu'un instant.

M. Millot, Habitant au Bonnet, a remis au Cercle plusieurs incrustations curieuses ; 1°. un morceau de roseau qui a servi de moule à une incrustation d'une ligne d'épaisseur, & disposée en rayons perpendiculaires à l'axe de la cristallisation. Il y a sur cet ostéocole un fragment de la même espèce, l'intérieur de ce cylindre pierreux est lisse, on y voit encore des filamens de roseau. 2°. une racine de roseau avec sa chevelure, formant un faisceau de filets encroutés par un sédiment cristallisé, qui laisse voir des filamens du noyau ; 3°. plusieurs morceaux de bois encroutés en cylindres ; 4°. plusieurs morceaux de feuille de de cannes à sucre, sur un desquels on voit un joli lychen, dont les traits ne sont point altérés par l'incrustation délicate qui les recouvre; 5.° plusieurs feuilles qui paroissent être de l'apocin; une feuille de pois d'Angole: on en distingue parfaitement bien la forme & les nervures. Toutes ces incrustations présentent à l'extérieur des mamelons & des facettes, qui ont une disposition & une apparence de cristallisation régulière.

Les eaux des fontaines du Cap sont propres à former de pareilles incrustations, principalement celles de la source du morne des Dames. On nous a remis un morceau de stalactite, formé par un sédiment calcaire & sphatique, disposé en plusieurs couches, qui adhéroient à un des canaux de conduite. (1)

La décomposition des végétaux produit un air fixe qui, en se combinant avec les principes calcaires & siliqueux, qui sont en dissolution dans les eaux aquéo-terreuses, donne lieu aux dépôts qui forment les incrustations. On sait qu'elles n'auroient aucun brillant si elles n'étoient composées que par des molécules calcaires, & que c'est au mélange des particules spatiques & siliqueuses qu'elles doivent cette apparence.

Ce n'est pas sur les débris des animaux & des végétaux seuls, dans les canaux, dans les fentes des rochers & dans le sein caverneux des montagnes, qu'il se forme des stalactites & des incrustations. L'eau est le moyen de transposition de toutes les substances qui forment en quelque sorte l'encroutement du globe, car peut-être que ses fondemens, dont nous ne connois-

---

(1) *Nous en avons vu de très-considérables, entre lesquels il y en avoit plusieurs de tubulés, qui avoient été apportés à M. DE MARBOIS, Intendant de la Colonie.*

O

pas la nature, sont inaltérables & n'éprouvent pas autant de mutations. (1).

Nous avons déposé dans le cabinet du Cercle une incrustation calcaire qui s'est formée sur un boulon de fer, qui sert à lier les membrures d'un navire. Cette pièce servoit de noyau à une roche considérable que l'on avoit tirée des rescifs sur lesquels on fait des roches journellement, pour construire dans la ville du Cap & aux environs; nous avons vu depuis une chaîne de gouvernail incrustée, couverte de madrépores d'une manière assez curieuse.

Ces incrustations démontrent le pouvoir aglutinatif du fer lorsqu'il se déphlogistique dans sa dissolution. M. Édouard Dhing a trouvé une concrétion pierreuse de cette espèce autour d'une pièce de fer qui avoit été long-temps ensevelie dans la mer.

---

(1) *M. Haller rapporte que* Pline *nous dit, que l'on défendoit l'usage des eaux qui laissoient des incrustations aux parois des vaisseaux dans lesquels on les faisoit bouillir.*

Il dit encore que Vanhelmont, *dans son Traité de la pierre, fait mention d'une fontaine pétrifiante qui se trouve près de Bruxelles, dont les eaux causoient des tranchées aux Moines qui en buvoient, à moins qu'ils n'eussent la précaution de manger tous les jours des semences de carottes sauvages, bouillies dans de la bierre. Il est vrai cependant qu'il y a plusieurs exemples de personnes qui boivent des eaux pétrifiantes sans en ressentir aucun mauvais effet, & sans être attaqués de la pierre; mais nous ne pouvons pas conclure de là avec raison qu'elles ne produisent souvent de pernicieux effets.* (Expériences sur les pierres de la vessie. Expérience XI).

il a donné sur ce sujet un Mémoire, qui se trouve dans les Transactions Philosophiques de Londres, année 1779.

M. Gaad rapporte, dans les Mémoires de Suède, que M. Rinnian avoit trouvé une pareille concrétion autour d'une vieille ancre qui étoit restée long-temps dans la mer. Il ajoute aussi, d'après ses propres expériences, que les chaux de fer déphlogistiquées, & particulièrement les dissolutions de ce métal par les acides minéraux, n'ont pas le même pouvoir aglutinatif. (1)

C'est, sans doute, aux rapports du phlogistique du fer avec les particules calcaires que certaines eaux contiennent, que l'on voit se former, lorqu'on les fait bouillir dans des chaudières de fer, un dépôt terreux & opaque, qui s'y amasse par couches, & que l'on nomme pierre de chaudron.

---

(1) *Voyez les Élémens de minéralogie de Kirvan, page 145.*

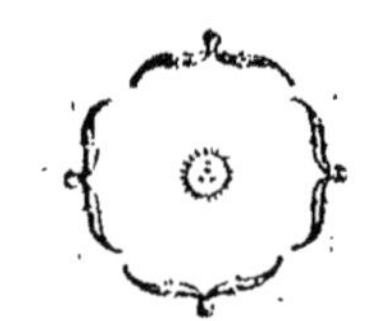

N.° XVIII.

EXTRAIT

D'une lettre, datée du 4 Février 1786, écrite par M. Millot, Habitant à la Petite-Anse, Associé du Cercle des Philadelphes, sur les incrustations végétales du ruisseau du Bonnet, sur l'habitation du Houley, dont il est Propriétaire, & sur le cours souterrain, dans l'espace de quinze ou seize cents toises de la rivière du Vaseux, au Dondon.

Environ au cinquième de hauteur de la montagne du Bonnet, dans la partie Nord-Est, vers la base, se trouve un monceau de rochers surmonté de végétaux frêlés : c'est à la base de ce rocher que sourde, en jaillissant un peu, une source d'eau claire, qui, après avoir formé un bassin d'environ trois pieds cubes, s'écoule en cascades dans un petit ruisseau jusqu'au pied de la montagne, où elle se perd dans la ravine des Sables.

C'est à quinze toises à peu-près de cette source, que l'on apperçoit des incrustations qui se forment sur tout ce qui se trouve plongé dans cette eau; j'y ai trouvé des feuilles de petit mil, dont la forme, les nervures mêmes, la couleur étoient conservées; mais elles adhéroient tellement au lit du ruisseau, que je n'ai pu en tirer une pièce sans la briser. Un jonc qui se trouvoit sur le bord, & dont un rameau étoit plongé dans l'eau, étoit revêtu dans cette partie de ces encroutemens. Nous vous envoyons un pied de *gramen secale*, d'herbe à bled, dont toutes les racines & une partie de la tige sont incrustées; vous verrez par la verdure de ses feuilles que la végétation n'étoit pas interceptée.

M. Henry, qui travaille un chemin dans la montagne du Bonnet, a été le premier qui ait remarqué ces incrustations. Je ne m'en étois pas apperçu, quoique je connusse ce ruisseau depuis plus de vingt ans. Il étoit alors ombragé par de grands arbres que l'on a abattus, & peut-être que l'évaporation, favorisée par la chaleur du soleil, contribue à présent à former ces incrustations.

J'ai mis dans ce ruisseau quelques corps pour observer les progrès de l'incrustation. Les succès du Docteur *Léonardo Vegni*, dans la manufacture singulière d'incrustations qu'il a établie dans les bains de Saint-Philipo, sur le penchant de la Montagne de *Saint-Fiora*, près de Sienne, nous permet de présumer que nous réussirons dans nos essais.

La montagne du Bonnet est composée principalement de roche calcaire qui en fait le squelette; les différens événemens de la nature ont formé dans ces lieux des excavations, des concavités, des fentes, où les eaux se chargent de principes calcaires & sphatiques.

Il y a dans le quartier du Vazeux, paroisse du Dondon, une rivière assez forte, dont la chûte paroît très-naturelle, au

Nord du Bonnet, la pente & la direction des roches du Nord au Nord-Est, mais cette rivière se perd dans un gouffre effrayant; elle roule ses eaux pendant l'espace de quinze ou seize cents toises. Elle quitte ces lieux souterrains, & reparoît dans la partie de l'Ouest & du Nord, en se partageant en plusieurs branches.

Une de ses branches sourde au pied du gros chapeau du Bonnet, dans le Nord-Est; une autre dans la même hauteur, à peu près dans le Nord-Ouest. La première forme *l'Éblouissement*, ravine intarissable, sur mon habitation. L'autre forme le bassin Diamant, sur la petite place de M. le Chevalier Daux : elle y fournit un volume d'eau considérable. Je présume que c'est du Vazeux que sortent ces eaux, parceque dès qu'il pleut beaucoup au Bonnet, toutes les ravines sont hautes, à l'exception de celle-ci, & au contraire lorsque les pluies font gonfler le Vazeux, ces deux dégorgeoirs sont troubles, vaseux & abondans, tandis que les ravines circonvoisines sont claires & paisibles. Si quelque audacieux naturaliste osoit parcourir le gouffre du Vazeux, il y découvriroit sans doute des choses très-intéressantes; on pourroit peut-être trouver dans ce gouffre un chemin souterrain, aisé à fréquenter, & avantageux aux débouchés de la montagne. On pourroit peut-être, en réunissant les eaux du Vazeux & en les dirigeant, fournir à la plaine du Nord & à la Petite-Anse un volume d'eau qui augmenteroit les richesses de ces quartiers.

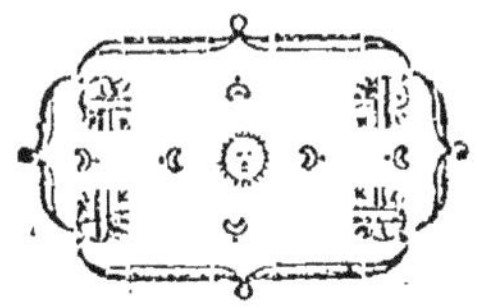

N.° XIX.

EXTRAIT

Des essais analytiques sur les Eaux Thermales-Minérales, dites de la Grande-Anse, ou du bras gauche de la grande rivière de Jérémie, par feu M. Lefebvre Deshayes; *extrait fait par M.* Ducatel, *Associé du Cercle des Philadelphes.*

Quoique les Eaux Thermales & Minérales de la Grande-Anse fussent connues depuis plus de vingt-cinq ans, & qu'on en fît usage régulièrement tous les hivers, avec le plus grand succès pour diverses maladies, elles n'avoient été analysées par personne jusqu'au moment où M. Lefebvre Deshayes entreprit ce travail.

Il a divisé son Mémoire en six chapitres; dans le premier il fait connoître l'Eau Thermale, par les qualités qui frappent les sens; il y démontre particulièrement la présence du soufre.

Les expériences contenues dans le second, constatent qu'elle ne contient point d'air fixe, ou acide gazeux, ou gaz méphitique.

Le troisième fait voir que l'Eau Thermale ne contient point d'acide libre, ni de fer dissous par des acides, & que par conséquent la noix de galle, ni l'alkali Prussien ne peuvent décéler la présence de la substance ferrugineuse, qui entre pour partie constituante dans cette Eau Minérale.

Le quatrième chapitre donne des preuves multipliées de l'existence du fer dans la même Eau.

Le cinquième renferme le détail des expériences & des observations qui ont été faites pendant l'évaporation de l'Eau Thermale, afin de parvenir à la connoissance des substances qu'elle contient.

Le sixième chapitre contient le compte des productions obtenues & retirées, tant pendant l'évaporation, que par la dessication entière de l'Eau Thermale.

IDÉE DU LOCAL.

Sur le bord méridional du bras gauche de la grande-rivière de Jérémie, à environ neuf ou dix lieues de cette ville, en remontant la rivière, on trouve quatre sources, dont deux chaudes & deux froides, à peu de distance les unes des autres. Les deux chaudes dont il est question, sont fort renommées depuis plusieurs années, & avec juste raison, puisqu'elles ont guéri seules diverses maladies, contre lesquelles la Médecine avoit échoué. Elles sont fort abondantes, & elles se perdent toutes dans la rivière. L'une est destinée particulièrement à l'usage des Blancs, & l'autre sert aux Nègres.

La première, placée très-commodément dans la partie du morne, peut fournir suffisamment d'eau à quarante ou cinquante bains séparés les uns des autres, & disposés dans autant de cabinets, si elle étoit divisée convenablement, & distribuée par des petits canaux.

Le local permet de construire une maison assez vaste pour renfermer tous ses compartimens; d'ailleurs, en escarpant le morne, on auroit la facilité de bâtir par étages plusieurs rangs de cases pour former des logemens.

La température de l'air est assez douce, mais humide, surtout pendant l'hiver, parceque le soleil donne à peine vers midi dans cet endroit.

Les deux sources Thermales sortent de la terre entre des rochers, & s'élèvent perpendiculairement. Leurs bords & leurs lits sont couverts de verdure, ce qui prouve que ces Eaux ne sont point contraires à la végétation.

Non seulement toutes ces sources, mais encore celles de la *Caouanne*, des *Irois* & plusieurs autres qui sont à peine connues, prennent naissance dans un bloc de montagnes, dont la base peut avoir deux lieues en carré. Les eaux de toutes ces sources ont beaucoup d'analogie : l'odeur, le goût, la limpidité, & les propriétés sont les mêmes, il n'y a que la chaleur qui varie sensiblement de l'une à l'autre. Ainsi tout ce qui va être dit de l'Eau Thermale du bras gauche, pourra s'appliquer aux autres Eaux chaudes du canton, à quelques modifications près, qu'il faut attribuer à des causes locales qui ne nous ont point paru de grande importance.

EXAMEN ANALYTIQUE

De la source Thermale - Minérale du bras gauche, ou de la Grande-Anse, source la plus fréquentée, & qui mérite aussi de l'être par la commodité des bains, par la plus grande abondance de l'Eau Thermale, & par la facilité de construire près de la source des cases, ou maisons pour se loger.

CHAPITRE PREMIER.

La limpidité de l'Eau Thermale est admirable, sa légèreté, comparée aux eaux de la rivière, est d'un cent-vingtième.

Elle dépose à la longue, mais très-peu, même dans les vaisseaux bien bouchés; quoiqu'elle contienne, comme on le verra ci-après, diverses matières étrangères; elle acquiert une odeur de corrompu pendant le temps que se forme le dépôt, mais elle la perd, & reprend sa limpidité quand le dépôt a eu lieu. Elle ne contient point, ou très-peu de sélénite; la preuve est que le savon s'y dissout en entier : sa chaleur varie d'une année à l'autre, elle s'est cependant soutenue constamment au même point pendant les mois de Septembre mil sept cent quatre-vingt-deux, & de Janvier mil sept cent quatre-vingt-trois; elle a monté invariablement au trente-septième degré du thermomètre de Réaumur, quoiqu'il y eût une différence d'environ dix degrés dans la dilatation du mercure pendant l'hiver, à l'endroit ou est située la source Thermale. Il y a trois sources :

La source dite des Nègres,
La source dite de la Caouanne,
La source dite l'Ardente.

La source des Nègres étoit aussi plus chaude en Janvier mil sept cent-quatre-vingt-deux, puisque le mercure du thermomètre s'élevoit jusqu'au quarante-cinquième degré. Les deux bains de la source de la Caouanne font monter le mercure l'un à 30 degrés, & l'autre à 27.

La seule source qui paroît avoir conservé toute sa chaleur, est celle que l'on nomme ardente, à cause de sa grande chaleur : le mercure, lorsqu'on y plonge le Thermomètre, monte à plus de cinquante degrés ; on ne peut absolument y tenir la main.

L'Eau Thermale répand au loin une odeur de foie de soufre insupportable. Cette odeur est si volatile, qu'il est impossible de la conserver en entier dans les vaisseaux les mieux bouchés. Son goût est le même, mais elle le perd aussi par le refroidissement ; cependant il reste encore après que l'odeur est entièrement dissipée.

Le vinaigre distillé & les trois acides minéraux exhalent l'odeur d'hépar ; l'acide marin seul à causé un peu d'effervescence.

Le vin produit approchant le même effet, sans perdre sa qualité.

Le mélange du vitriol de Mars décèle encore la présence du soufre, en occasionnant des exhalaisons très-vives d'acide sulphureux volatil.

Cette Eau dépose dans le fond des bassins du soufre naturel; séché au soleil & jeté sur le feu, il produit une flamme bleue, pénétrante comme celle du soufre pur.

L'esprit de-vin-rectifié, jeté sur les dépôts dont on vient de parler, fait exhaler une odeur d'acide sulphureux volatil; il dissout aussi un peu de la matière bitumineuse, ou plutôt résineuse, qui fait partie de ces dépôts.

Cette Eau sortant de la source, noircit l'argent; elle ne noircit point l'or, mais elle le ternit. L'Eau froide a beaucoup moins d'action sur l'argent, & n'en a point du tout sur l'or.

La limaille de cuivre noircit après quelques jours. La dissolution ne donne cependant point de vitriol bleu, comme la décomposition qui doit avoir lieu semble l'indiquer.

Une lame de plomb, après quelques jours de résidence dans l'Eau, se couvre d'une poussière grasse & extrêmement fine, qui s'enlève avec facilité; elle nage sur l'Eau, y forme des iris.

La dissolution du mercure produit un précipité jaune semblable au turbith minéral, ce qui indique la présence de l'acide vitriolique.

La dissolution d'argent fournit un précipité bleu, qui pourroit bien être attribué au fer contenu dans l'Eau Minérale.

Le sel de Saturne tourne l'eau & donne un précipité blanc.

Le vinaigre de saturne laisse déposer un précipité rembruni, que M. Lefebvre attribue aux émanations sulfureuses qui sont moins abondantes dans un temps que dans l'autre.

Le vitriol blanc fournit un dépôt d'un beau jaune brillant & transparent.

Le vitriol de zinc détruit sur le champ l'odeur hépatique qu'exhale cette Eau.

Le vitriol bleu laisse déposer un précipité d'un verd clair.

Toutes ces expériences prouvent incontestablement la présence du soufre dans l'Eau Thermale.

Les expériences suivantes prouveront aussi qu'il n'est point dissous par l'air fixe, comme on seroit tenté de le croire.

Elle échauffe les personnes qui en font usage, elle cause des picottemens très-vifs aux galleux & aux dartreux, elle pallie en peu de temps leur mal, si elle ne le guérit pas tout à fait, effet qu'on ne peut guère attribuer qu'au soufre.

CHAPITRE SECOND.

Il contient diverses expériences qui prouvent qu'il n'y a point d'air fixe dans l'Eau Thermale du bras gauche, mais bien un air surabondant, ou du moins un fluide aériforme, ainsi que dans toutes les autres sources qui sont échauffées par le même foyer.

1.° Les bulles d'air qui s'élèvent du fond du vase qui contient de l'Eau Thermale encore chaude.

2.° Le gonflement de la vessie attachée au cou d'une bouteille pleine d'eau chaude.

3.° La couleur verte que prend le sirop (a) de laman, mêlé avec le gaz.

(a) *Le sirop de* Laman *a été fait pour suppléer au sirop de*

4.° L'atmosphère de la source verdit de même le sirop de *laman.*

5.° L'eau de chaux n'est point décomposée par ce même gaz.

6.° Il ne diminue point la clarté des bougies allumées.

7.° Il n'arrête point la fumée d'un tison.

8.° Il ne gêne point la respiration des oiseaux.

9.° Les araignées se tiennent habituellement dans l'atmosphère de la source, & sans doute les insectes y viennent voltiger, puisqu'elles y tendent leurs toiles comme ailleurs.

10.° Le même gaz ne donne point de goût acidulé à l'Eau.

11.° Il ne diminue point la causticité de l'alkali fixe.

Toutes ces expériences rassemblées démontrent, suivant M. Lefebvre, que ce fluide n'est point de l'air inflammable, ni de l'air fixe ou méphitique, mais plutôt de l'air déphlogistiqué. Nous ne pouvons dissimuler que ces expériences ne paroissent pas suffisantes pour déterminer la nature de la substance aériforme des Eaux Minérales.

CHAPITRE TROISIÈME.

M. Lefebvre fournit des preuves négatives de l'existence d'un acide dans l'Eau Thermale du bras gauche, ainsi que de la

---

viollette *par M.* Lefebvre Deshayes, *avec le fruit d'une plante appelée Laman, ou gourman. Cette plante est connue des Botanistes sous le nom de petite mamelle ; les Caraïbes l'appellent* Oulé *ou* Mélé, *& le père Plumier la désigne par cette phrase :* Solanum solani hortensis foliis & faciæ baccis Nigris dissolution de fer par ce menstrue, & conséquemment de la possibillité de convertir en bleu de Prusse, par l'intermède de l'alkali phlogistiqué, les parties ferrugineuses que cette Eau contient.

Quoique les expériences dont nous avons rendu compte dans le chapitre précédent semblent prouver que le principe gazeux des Eaux Thermales, n'a rien de commun avec celui dont l'air fixe est formé, & qu'il est plutôt alkalin qu'acide, nous allons ajouter de nouvelles preuves en faveur de cette opinion.

1°. Demi-gros d'huile de tartre, jeté dans quatre onces d'Eau Thermale n'a produit aucune effervescence sensible, ni aucun précipité apparent.

2°. La limaille de fer, mêlée dans l'Eau Thermale, n'y est attaquée par aucun acide propre à cette Eau.

3.° Elle ne décompose point le borax.

Ces expériences prouvent bien qu'elle ne contient point d'acide libre.

1°. Parceque pour peu qu'il y ait d'acide libre dans une eau quelconque, l'alkali fixe l'indique sur le champ par l'effervescence.

2.° Parceque les acides libres ont toujours pris *sur le fer.*

3°. Parcequ'on sait que les acides décomposent le borax, & qu'ils en séparent le sel sédatif, qui est une de ses principales parties constituantes.

L'eau de chaux n'est pas plus décomposée par son mélange avec l'Eau Thermale, que par le gaz de la source.

On peut ajouter à cette dernière expérience que cette Eau ne contient aucune partie arsenicale, parceque l'arsenic se seroit manifesté par un dépôt couleur d'ochre lors de l'union de la chaux avec le liquide.

L'alkali phlogistiqué ne produit pas de bleu de Prusse avec l'Eau Thermale, mais un dépôt ochreux.

En voyant que l'alkali Prussien n'a développé aucun atome de bleu de Prusse, on pourroit peut-être conclure que les Eaux Thermales ne sont aucunement ferrugineuses, ou que les réactifs employés pour convertir les parties martiales en bleu de Prusse n'étoient pas bien préparées; on pourroit croire que le dépôt obtenu, après une longue infusion de l'alkali phlogistiqué, n'est point occasionné par le fer, puisque notre Eau Thermale n'en peut contenir.

L'inefficacité de l'alkali Prussien, pour indiquer la présence du fer, ne prouve pas qu'il n'existe pas dans l'Eau Thermale, mais étant dissous par tout autre menstrue qu'un acide, il ne peut être développé par l'alkali phlogistiqué.

L'esprit de sel ammoniac, jeté dans l'Eau Thermale, prouve qu'elle ne contient point de cuivre. Ce réactif n'ayant point produit de couleur bleue ni laiteuse.

Quoique la chaleur ait été constamment de trente-sept degrés en Janvier 1783, il n'a pas été possible de faire fondre du suif, & avec beaucoup de peine du beurre dans l'Eau Thermale.

CHAPITRE QUATRIÈME.

Preuve de la présence du fer dans l'Eau Thermale de la Grande-Anse.

Le nombre des cures opérées par le seul usage de ces Eaux Thermales, dans les maladies où le fer est regardé comme un vrai spécifique, le lieu où sont situés les bains, le nombre de pyrites martiales minéralisées par le soufre, la grande quantité de parcelles de parcelles attirables à l'aimant contenu dans le sable des ravines & des rivières, tout cela ne suffit-il pas pour persuader que le fer est compris dans le nombre des substances qui sont combinées avec l'Eau Thermale ?

M. Lefebvre Deshayes contredit le sentiment de M. Rouelle, qui dit que l'alkali phlogistiqué est inutile, ainsi que l'infusion de noix de galle, pour l'analyse des Eaux Thermales, à moins qu'elles ne contiennent un vrai vitriol de Mars. On diroit que cet habile Chimiste ait voulu donner à entendre par-là que le fer ne peut se combiner avec une Eau Thermale, à moins qu'il n'ait été dissous par l'acide vitriolique ; cependant tout le monde convient que la combinaison de ce minéral peut se faire dans l'eau par le moyen des alkalis, & alors la noix de galle ne noircit pas le mélange, & l'alkali phlogistiqué ne donne aucune apparence de bleu de Prusse.

L'Eau Thermale laisse déposer un précipité de couleur rousse & ochreux, en petite quantité.

Ce dépôt soumis à l'action du feu avec des matières phlogistiquées, devient un peu attirable à l'aimant & produit du bleu de Prusse, lorsque dans la dissolution qu'on en fait ensuite par l'intermède de ces acides minéraux, on y verse de l'alkali saturé de la matière colorante du bleu de Prusse.

CHAPITRE CINQUIÈME.

Examen de l'Eau Thermale, depuis le commencement de l'évaporation jusqu'au point de siccité.

Les mêmes phénomènes ont paru dans les examens faits

par la réduction & l'évaporation jusqu'à siccité, les précipités étoient seulement plus abondans & plus colorés ; l'alkali Prussien a produit du bleu de Prusse dans l'Eau Thermale réduite, ce qui donne une nouvelle preuve de l'existence du fer.

CHAPITRE SIXIÈME.

Examen des sels & des résidus obtenus pendant le cours de l'évaporation, & par la dessication entière de l'Eau Thermale réduite.

Pour savoir au juste la quantité de substances hétérogènes unies & combinées avec l'Eau Thermale, nous avons fait évaporer deux livres de cette Eau au bain-marie, à deux différentes reprises. Malgré l'exactitude avec laquelle nous avons pesé, les résultats ont été différens, mais quelque chose qu'il en soit, on peut évaluer à dix ou douze grains à-peu-près, la pesanteur des substances minérales qui sont contenues dans l'Eau Thermale dont nous parlons, ce qui fait à peu-près le cent-vingt-unième du poids total de l'Eau qui avoit été soumise à l'évaporation.

La difficulté que nous avons eue à faire sécher le résidu, prouve qu'il contient de l'eau-mère.

Il s'est formé après l'évaporation presque entière, des cristaux cubiques semés çà & là, & tous creusés en forme de trémie.

Leur figure & leur goût nous ont fait croire que c'étoit du sel marin.

La capsule de verre qui contenoit la liqueur restante ayant été mise au frais après en avoir tiré le sel marin, a produit par le refroidissement, beaucoup de cristaux attachés en partie aux parois & au fond du vase ; les sels qui ont paru les plus faciles à distinguer étoient sous la forme de cristaux, aiguisés, dont les extrémités étoient tronquées ; les ayant exposés à l'air, leur surface s'est séchée, puis s'est effleurie, d'où on peut conclure que c'étoit un sel neutre de la nature du sel de Glauber.

Pour se convaincre de la justesse de ces opérations, nous avons comparé une eau artificielle, que nous avons composée avec quelques grains d'hépar terreux, un peu d'esprit de sel & de la dissolution de soude mêlés ensemble. Le tout a été jeté dans l'eau filtrée chaude, où on avoit mis en digestion depuis la veille, de l'œthiops martial & de la rouille de fer. Cette eau avoit bien l'odeur d'œufs couvés ; elle a aussi fourni, par l'évaporation, du sel commun, de la sélénite, du sel de Glauber, une terre ochreuse & un dépôt terreux, mêlé de parties métalliques fines ; mais malgré les filtrations, nous n'avons pu lui procurer la limpidité & le brillant de l'Eau Thermale. Il y avoit aussi de la différence dans la saveur. Nous avons varié les doses des ingrédiens, & nous n'avons pas mieux réussi.

RÉSULTAT

Des expériences & des observations contenues dans ce Mémoire.

Il résulte de toutes ces expériences, & de toutes les observations, que l'Eau Thermale de la Grande-Anse, des Irois & de la Caouanne contient du soufre, plusieurs sels neutres, quelques parties métalliques dans l'état ochreux, de la terre calcaire & vitrifiable, de l'hépar terreux, du sel de Glauber, de la sélénite, du sel commun, peut-être un peu de sel marin à base terreuse, du tartre vitriolé, une terre martiale, enfin une très-petite portion de matière bitumineuse, ou plutôt résineuse.

N.° XIX.

EXAMEN ANALYTIQUE

Des eaux de l'Hôpital militaire du Cap François. Par M. Arthaud, *Médecin du Roi au Cap, & Secrétaire perpétuel du Cercle des Philadelphes.*

LE 4 Mai 1788, nous nous sommes transportés, avec M. Roulin, Chirurgien du Roi, & M. Ducatel, Maître en Pharmacie, au-dessus de la maison des Religieux de la Charité du Cap, à l'Est, au pied de la montagne d'où sourdent les eaux qui sont conduites à l'hôpital.

Nous avons trouvé plusieurs sources qui sourdent dans un terrein argileux, surmonté par des éboulemens de granitoïdes, de géodes argileuses, de bréches calcaires & spathiques.

Ces eaux sont claires & transparentes. Elles blanchissent bien le linge: les légumes y cuisent aisément.

La pesanteur de ces eaux est de onze degrés à l'aréomètre pour les esprits.

Examen par les réactifs.

Le sirop de violette, les teintures de tournesol, de curcuma, de bois de Brésil, de noix de galle & le papier jaune ne nous ont donné aucune preuve de la présence d'un alkali ni d'un acide.

La dissolution de savon par l'esprit de vin s'est parfaitement étendue dans l'eau. Il s'est formé quelque temps après un précipité, qui démontre la présence de la terre calcaire.

L'alkali fixe en liqueur a blanchi cette eau ; ce qui annonce encore qu'elle contient de la terre calcaire, ou un sel à base terreuse.

Le prussiate de potasse & la teinture de noix de galle ne nous ont montré aucune indice de fer.

La dissolution de mercure par l'acide nitrique nous a indiqué qu'il y avoit dans cette eau de l'acide sulfurique ou muriatique, en formant un précipité jaune assez abondant.

La dissolution d'argent a donné lieu à un précipité blanc, en flocons légers & rares, phénomène propre à la lune-cornée, qui décèle l'acide muriatique.

L'acide oxaltique a produit un pétillement. La liqueur s'est troublée ; il s'est formé un précipité blanc, qui prouve que cet eau contient du sulfate.

Ces expériences nous assurent que les eaux de l'hôpital du Roi contiennent du muriate calcaire & du sulfate de chaux ; mais nous en avons cherché de nouvelles preuves, en examinant les produits par évaporation.

Analyse par évaporation.

Douze livres d'eau mises à évaporer, ont produit dix-huit grains d'une poudre d'un blanc un peu sale.

Dès le commencement de l'évaporation, il s'est formé une pellicule légère, blanche, s'attachant aux parois du vase, & le fond a paru couvert d'une incrustation blanche. Pendant l'évaporation la pellicule a acquis de la fermeté: les bulles d'eau circuloient quelque temps dessous, avant de pouvoir la rompre.

Quelques gouttes d'alkali fixe, versées sur deux grains du résidu, n'ont produit aucune effervescence.

Quelques gouttes d'acide sulfurique ont produit une effervescence considérable, pendant laquelle il s'est dégagé des vapeurs blanches, dont l'odeur d'acide muriatique nous a confirmé l'existence du muriate.

L'acide acéteux a produit une effervescence vive: il a dissous le phosphate calcaire uni au muriate. Cette dissolution étendue dans l'eau distillée, le sulfate s'est précipité au bout d'une heure.

Cent-trente livres d'eau soumises à l'évaporation, ont produit 144 grains de résidu blanc, ayant une saveur salée comme le muriate. Nous avons mis en digestion pendant seize heures 54 grains de résidu, la filtration & l'évaporation étant faites, nous n'avons vu aucune apparence de cristallisation.

Nous avons délayé 126 grains de résidu dans 8 onces d'eau distillée ; la digestion s'est faite sur les cendres chaudes ; l'eau s'est un peu colorée ; elle a pris un goût piquant : l'évaporation faite jusqu'à pellicule, la liqueur avoit une couleur rousse, elle avoit un goût muriatique âcre : nous l'avons laissée reposer pendant plusieurs jours ; mais il ne s'y est formé aucune cristallisation.

Le résidu, qui étoit du sulfate de chaux, mis dans un creuset avec un peu de borax & poussé à un feu violent, a produit un verre d'un jaune léger, mais transparent.

Une autre portion de résidu poussée au même feu, sans aucun fondant, ne s'est point vitrifiée.

Une partie du résidu mise dans deux onces d'acide acéteux, il s'est fait une effervescence. On a versé 3 onces d'eau distillée, l'évaporation a produit une terre folliée, qui s'est cristallisée en lames fines & soyeuses, ce qui forme le caractère de la terre folliée à base calcaire.

Ces expériences ne nous laissent aucun doute de la présence du muriate calcaire & du sulfate de chaux dans les eaux de l'hôpital du Roi.

Les quantités de matières contenues par livre d'eau sont :

Muriate calcaire . . . . . 7/65e. de grain.
Terre calcaire . . . . . . 1/4 . . . . . .
Sulfate de chaux . . . . 3/4 . . . . . .

Nos promenades dans les mornes du Cap, nous ont fait voir au couronnement, une terre ochreuse, des géodes ferrugineuses, des rochers calcaires, dans lesquels on voit des vestiges de madrépores. En descendant, nous avons trouvé des bréches calcaires, spatiques, des spathes, des stalactiques spathiques, des bréches siglineuses, des poudingues, des hématites, des bancs de coquilles maritimes, qui s'étendent de l'Est à l'Ouest & au Sud, des bancs crayeux, des granites, des géodes argileuses, cuivreuses & ferrugineuses, des granitoïdes, des Iaspes imprégnés de cuivre, des granitoïdes agathisés, des bancs argileux, inclinés de l'Est à l'Ouest, & quelques-uns du Sud au Nord.

Cette observation démontre que la mer a couvert les montagnes du Cap. On suit aisément depuis l'Accul, la Plaine du Nord, la Petite Anse, le quartier Moin, Limonade jusqu'au Fort-Dauphin, un banc de coquilles maritimes.

Il n'est donc pas étonnant que les eaux de l'Hôpital du Roi contiennent des principes muriatiques & calcaires : elles ne sont pas, malgré cela, d'une mauvaise qualité ; elles seroient encore plus légères & plus saines, si, avec l'avantage de sortir à l'Est du flanc de la montagne, au lieu de reposer sur un sol argileux, elles filtroient sur un fond de sable.

Nous avons examiné ces eaux dans un temps sec; les sources étoient très-abondantes, on pourroit sûrement, en les rassemblant avec plus d'économie, les distribuer avec plus d'avantage, pour les servitudes de l'hôpital.

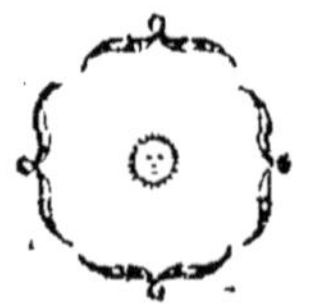

N°. XX.

APPERÇU D'ANALYSE

D'une Eau minérale-ferrugineuse, découverte sur la terre du nommé Cameron, *Quarteron libre, à la Montagne Noire de la Grande Rivière, par M.* Milscens *de Mussé, Associé du Cercle.*

MESSIEURS Arthaud & Ducatel ont examiné deux bouteilles de cette Eau qui avoient été envoyées au Cercle par M. Milscens: elle avoit une odeur hépatique.

On a obtenu, par l'évaporation, neuf grains d'un résidu brun. En versant dessus de l'acide vitriolique, il y a eu un mouvement d'effervescence, & il s'est dégagé un gaz marin, sous forme de vapeurs blanches.

L'alkali volatil versé sur ce précipité, délayé dans l'eau distillée, n'y a produit aucun changement; l'addition de l'alkali Prussien n'a produit aucun effet, mais celle de l'acide marin a donné à la liqueur une couleur verte.

L'alkali Prussien ajouté sur le précipité, uni à l'acide vitriolique & délayé dans l'eau distillée, lui a fait prendre une couleur bleue.

Ce foible essai indique la présence d'un sel marin à base terreuse & du fer dans cette Eau minérale. M. Milscens nous rapporte que cette Eau purge les nègres qui en boivent. Elle pourroit être fort utile dans le traitement des obstructions, de la cachéxie, des pâles couleurs, des maux de nerfs. Et comme c'est la seule Eau minérale-ferrugineuse qui soit indiquée dans la Colonie, le Cercle sent qu'il conviendroit d'en faire une analyse exacte, pour en connoître tous les principes, & il se propose de s'en occuper, si cela est agréable à MM. les Administrateurs de la Colonie.

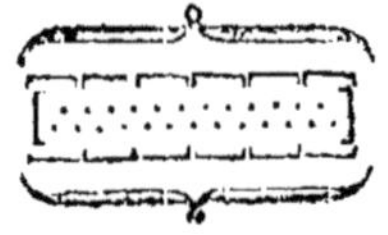

N°. XXI.

INSPECTION

Des Eaux Thermales de Boynes, dans le quartier du Port-à-Piment, par M. Arthaud, *Médecin du Roi au Cap, & Secrétaire perpétuel du Cercle.*

JE suis parti de chez M. Cocherel aux Gonaïves le 2 Juillet, à 5 heures du matin, accompagné de M. Roulin, Chirurgien du Roi au Cap. M. Cocherel, qui a encore cette bienveillance & cet esprit d'hospitalité qui ont toujours honoré les Habitans de Saint-Domingue, nous a prêté généreusement pour notre voyage tous les secours dont nous avions besoin. Nous avons traversé les montagnes des Gonaïves & de Terre-Neuve par un chemin qui est d'autant moins pénible, qu'il est ouvert au milieu des forêts qui le couvrent d'une ombre délicieuse.

Ces forêts sont intéressantes ; elles en imposent par la beauté & la hauteur des arbres qui les forment, & par la variété des plantes qui les couvrent. On en tire des bois précieux, comme les gayacs, les acajous & d'autres bois de construction : mais un Botaniste y trouveroit bien d'autres richesses.

Si on trouve dans plusieurs des montagnes de la Colonie comme au Cap, au Môle, à Saint-Marc &c. des bancs de coquilles, de madrépores, qui forment des carrières ou d'autres monumens maritimes, on ne voit rien de semblable dans les montagnes des Gonaïves & de Terre-Neuve ; on y trouve des bancs calcaires stralifiés, qui ne paroissent pas être l'ouvrage des polypiers, mais l'effet d'un dépôt successif de matières analogues.

Au sommet des montagnes des Gonaïves & de Terre-Neuve il y a un bassin assez étendu, où les eaux s'amassent ; on le nomme la marre-à-Còlas, & on trouve sur les bords de cette eau croupissante, les plantes des marais.

Nous avons trouvé sur l'habitation Lassère à Terre-Neuve, des géodes ferrugineuses : on sait que ces montagnes contiennent plusieurs mines de fer, de cuivre, de soufre &c. Mais ces objets ne sont curieux que pour les Naturalistes, car c'est la culture du café qui fait la richesse de ce quartier.

En quittant les habitations Brabant, en sortant d'une gorge où l'on a vu des coupes de rochers qui seroient effrayans par leur hauteur & leur aspect terrible, si l'on ne trouvoit à leur pied une verdure riante, dont la fraîcheur est entretenue par une jolie rivière, on entre sur les collines brûlantes du Port-à-Piment. Quelques plantes ornent encore ces déserts. Les fleurs délicates des melo-cactes, des cactes mamillaires & quelques autres sont faites pour fixer l'œil du voyageur. On se plaint de l'aridité de ces lieux sauvages, mais on y retrouve encore la nature, & l'on admire, en se plaignant de l'excès de chaleur, les tableaux pittoresques qui en font la décoration. Le sol du Port-à-Piment est si brûlant, que la rivière de Terre-Neuve, qui grossit toujours jusqu'à la sortie de la gorge de ce quartier, est absorbée par la chaleur, & ne se rend pas à mer.

Nous sommes arrivés à deux heures après midi aux Eaux de Boynes. Lorsqu'on est dans le lointain de cet établissement, on le regarde avec avidité ; il paroît s'éloigner, tant le desir est pressant. On voit avec plaisir dans cet endroit de désolation, un bouquet de bois qui semble cacher quelque mystère de la nature, & l'on aspire à jouir de l'ombre qu'il promet, pour tempérer l'ardeur dont on est embrâsé.

Les établissemens des Eaux de Boynes sont placés sur le penchant d'une colline, à deux lieues à l'Ouest du Port-à-Piment, dans le lieu où sourdent les Eaux minérales.

Il y a au-dessous de ces sources, un groupe d'arbres, avec lesquels on a formé des allées qui sont fort belles.

Ces arbres sont des gayacs, des acomas, des tendres-à cayou, des bois palmistes, des chênes, des figuiers, des bois d'almarie, dont la gomme est verte & amère : on y voit aussi des mamilliers, ou *anona africana*, dont le fruit aigrelet est plus savoureux que celui du corossol, le Tabernemontana, le rovolsia, plusieurs espèces de capparis, le cordia sebestena, dont la fleur pourroit faire l'ornement des jardins, le saminda ; plusieurs sortes de chites, de cissus &c. Plusieurs arbres renversés par des vents fougueux nous ont assurés que leurs racines s'étendent sans profondeur, & qu'elles ne peuvent jamais parvenir au sol où se concentre la chaleur des Eaux minérales.

Le sol du terrein des Eaux de Boynes présente 1°. une couche noire d'humus végétal, formé par la dépouille des végétaux, des principes calcaires & siliqueux, imprégnés des principes des Eaux minérales. 2°. Une couche profonde de pierre calcaire & siliqueuse. Cette couche est découverte sur le haut de la colline & dans les environs. On y trouve beaucoup de petrosilex, des incrustations d'un rouge ochreux, siliqueuses, tubulées, étoilées, ou feuillacées, de poudingues siliqueux, des breches calcaires & gypseuses, avec des stries siliquéuses, des silex de différentes couleurs, des hematides, quelques granites pyriteux, des granites détachés

& roulés ; nous n'avons pas vu la couche argileuse dont parle un Voyageur dans les ravines creusées par les torrens, ni dans une fouille de 30 pieds de profondeur qui a été faite pour un four à chaux par notre très-estimable Confrère M. Gauché, & nous pouvons assurer que si cette couche argileuse existe, c'est à une profondeur qui n'a pas été observée.

Toutes les sources des Eaux minérales partent d'un même foyer, & leur chaleur, qui varie de 37 à 42 degrés, est réglée par l'éloignement du lieu où elles sourdent à celui où elles s'échauffent, où elles s'imprègnent des principes dont elles sont surchargées. Elles sont sur-tout remarquables par un gaz hépatique qui se fait sentir à une grande distance, qui se dissipe par le refroidissement, mais elles conservent dans cet état des principes salins, qui sont plus fixes, & qui excitent quelques troubles de ventre chez les personnes qui commencent à en boire.

La chaleur des Eaux en bains, en boisson, ou en douche, est assez considérable pour exciter la fièvre & produire des excoriations sur la peau. Il faut en régler l'usage par des doses graduatives, & il faut régler également la chaleur des bains & des douches sur l'habitude, la constitution des sujets, leurs maladies & leur sensibilité.

Ces Eaux peuvent être utiles & très-efficaces dans le traitement de plusieurs maladies, mais on ne doit pas les regarder comme une panacée universelle & nous sommes assurés qu'il y a des cas où elles peuvent être nuisibles, & d'autres où elles sont inutiles. Leur usage veut être précédé, accompagné ou suivi par des remèdes auxiliaires & par un régime convenable, & en les prenant on ne doit pas négliger les remèdes qui peuvent en seconder les effets.

On a fait de très-grandes dépenses pour établir les Eaux de

Boynes, mais elles n'ont pas été faites convenablement ; on a travaillé sans prévoyance & sans économie ; on a tout donné au coup-d'œil dans la distribution des bâtimens : on auroit pu, en suivant un plan aussi régulier, procurer des commodités qui auroient été utiles & agréables : on n'a pas même carrelé les salles, les appartemens, les cabinets de boues, placé des robinets dans les baignoires & aux conduits pour les douches. On auroit dû placer l'hôpital plus près des sources ; il en est éloigné de près de cent pas, & dans un lieu isolé & brûlant. L'on sent combien cet éloignement doit être dangereux & incommode pour les malades qui sont dans le cas de prendre les bains, les douches, ou les bains de vapeurs. On auroit pu construire tous les bâtimens en maçonnerie. On pouvoit fabriquer la chaux sur les lieux, & on avoit sous la main les pierres de construction. Au lieu de couvrir les bâtimens avec des essentes, on auroit dû employer la tuile, cela auroit été solide & durable ; on auroit prévenu de nouvelles dépenses ; cet établissement n'auroit pas déjà un aspect de décrépitude, & on ne seroit pas dans le cas d'en craindre la ruine prochaine, malgré les réparations que M. Gauché y fait faire, mais on a travaillé pour le moment, & on n'a absolument rien fait pour l'avenir.

On a négligé la source des Oanes, parcequ'elle n'a que 37 degrés de chaleur, & qu'elle paroît avoir perdu quelques-uns de ses principes, en parcourant une plus grande étendue de terrain, mais nous croyons qu'on pourroit commencer l'usage des Eaux par celles de cette source : la sensation seroit moins vive. Il en résulteroit moins de troubles, & les malades pourroient passer ensuite aux sourses qui ont plus de chaleur & plus d'activité.

On a dressé le plan d'un bourg à établir au-dessous à l'Ouest & au Sud des sources. Quelques particuliers ont fait construire quelques

quelques maisons. La plupart tombent en ruine ; il y en a quelques-unes qui sont habitées par des personnes qui donnent à boire aux malades. Un bourg n'est pas nécessaire dans un endroit qui ne peut pas servir d'entrepôt & où il n'y a aucune espèce de culture, ni aucune industrie qui puisse être utile aux malades.

Plusieurs habitans des Gonaïves paroissent disposés à faire une fondation aux Eaux de Boynes en faveur des pauvres. Ce projet de bienfaisance, fait pour honorer ceux qui l'ont conçu, mérite d'être adopté ; il seroit d'une exécution facile.

Nous avons observé les canaux de conduite des Eaux minérales, particulièrement dans ceux de la source de Montarcher, cette glaire dont un de nos Confrères n'a pas connu la nature. C'est une plante que les Naturalistes appellent Tremella ; elle est blanche dans les canaux couverts où elle est éthiolée : elle verdit dans les canaux qui sont à l'air libre ; elle a cependant encore dans ces endroits des filamens blancs & soyeux.

En examinant cette plante dans les canaux qui bordent l'avenue, nous avons observé, avec MM. Gauché & Roulin, des fourmillieres de petits vers rouges, longs d'un pouce à un pouce & demi, gros comme une petite aiguille, terminés en pointe, formés par des aneaux réunis, ayant un petit nœud près de la pointe, qui paroît être la tête.

Ces vers réunis en groupes paroissent placés dans des trous pratiqués dans la Tremella. Ils ne présentent que la tête & une partie de leurs corps ; ils ont une très-grande mobilité, ils paroissent très-irritables : si on donne quelques coups sur le terrein qui est près d'eux, ou si on les touche, ils se retirent & se cachent instantanément ; mais ils resortent bientôt de leurs abris lorsqu'ils ont repris leur sécurité.

L'Eau dans laquelle ces vers se trouvent, avoit 34 degrés de chaleur. Nous en avons pris un groupe que nous avons mis dans l'Eau minérale à 40 degrés de chaleur, & ils y ont vécu. Nous avons versé sur un autre groupe de l'eau bouillante ; ils ont blanchi & ils sont morts sur le champ ; nous en avons mis un autre groupe dans un verre d'eau que nous avons placé dans un bain-marie d'eau bouillante, ils ont conservés leur agilité jusqu'au 43e. degré, ils ont paru languir au 44 & 45e. degrés, ils sont morts au 46e. sans avoir changé de couleur.

Nous avons fait sécher au soleil un paquet de ces vers avec la Tremella où ils étoient nichés. Ils paroissoient morts ; nous les avons mis dans l'Eau minérale chaude à quarante degrés, quelques-uns ont paru se ranimer, mais ils sont morts lorsque l'Eau s'est refroidie.

Nous avons mis deux groupes de ces vers dans l'Eau minérale chaude à 34 degrés & 40. Nous avons laissé refroidir cette Eau, & les vers y ont passé la nuit : ils étoient le lendemain dans un état de langueur : nous les avons mis dans de l'Eau minérale chaude, ils ont repris leur vigueur & leur agilité.

Ces vers nous ont paru avoir beaucoup de rapport avec les crinons qui se trouvent chez les animaux, cantonnés entre les tuniques de l'estomac, où ils forment des tubercules, & dans les artères où ils occasionnent des anévrismes quelquefois considérables.

Un voyageur a dit que l'on n'étoit jamais incommodé par les insectes au Port-à-Piment. Nous avons vu & éprouvé le contraire : nous y avons été tourmentés par une grosse mouche grise, dont la piqure excite une démangeaison brûlante, avec des empoules qui dégénèrent quelquefois en pustules ou en ulcères lorsqu'on a l'inconsidération de se gratter. Nous avons vu plusieurs enfans qui avoient les jambes fort maltraitées, à la suite de la piqure de ces mouches qui sont bien aussi incommodes que les autres insectes.

N°. XXII.

EXTRAIT,

Par M. Ducatel, *Associé du Cercle, de l'analyse des Eaux thermales & minérales de la Martinique & de Sainte-Lucie, faite d'après l'ordre du Roi, par MM.* Roux & l'Estrade, *Médecins du Roi, & par M.* Gabrie, *Chimiste.*

LA Martinique, chef-lieu des Isles Françoises du Vent, possède plusieurs sources d'Eaux thermales & minérales. Les plus communes sont au Lamentin, aux Pitons du Fort-Royal & aux environs de Saint-Pierre, sur la paroisse du Précheur.

Des Eaux des Pitons du Fort-Royal.

La source qui fournit ces Eaux est située au pied du morne Batata, sur les terres de M. de Gentilly, à trois lieues Nord-Est du Fort-Royal: elle se trouve sur la rive droite d'une ravine qui verse ses eaux dans la rivière de la case Navire.

Les Eaux de cette source ont 30 degrés de chaleur au Thermomètre de Réaumur. Leur pesanteur ne paroît point différer beaucoup de celles des eaux ordinaires, elles sont presques inodores

Leur saveur est ferrugineuse & piquante ; elles contiennent de l'acide crayeux en assez grande quantité.

Eaux du Prêcheur.

Terre calcaire	5 grains 1/2
Sel marin	1 1/2
Alkali de soude	1
Acide crayeux	point.

Pesanteur à-peu-près égale à celle de l'eau ordinaire, température à 34 dégrés.

Analyse des Eaux Thermales & Minérales de la soufrière de l'Isle de Sainte-Lucie.

La chaleur des Eaux de la source de la soufrière située à environ une lieue Nord-Est du bourg du même nom, ne laisse aucun doute sur l'existence d'un volcan actuellement enflammé, & dont la direction se porte assez sensiblement du Nord au Sud.

Les Eaux qui se trouvent dans des bassins resserrés font monter le Thermomètre à 90 degrés ; la chaleur de l'Eau des bassins qui communiquent avec l'atmosphère ne passe pas le terme de l'eau bouillante.

Toutes ces Eaux, en sortant de leurs bassins, parcourent un lit plus ou moins alumineux & se rendent dans un petit canal d'eau froide, qui passe au pied du crater au quel elles communiquent toutes leurs propriétés. En descendant le canal dont la direction est du Nord au Sud, on arrive à une grande cascade voisine du bourg de la Soufrière & à quelques pas d'une source d'Eau chaude à 42 degrés. La position du lieu présentant quelques avantages par sa proximité du bourg & par la falicité d'y former un établissement, a décidé MM. Roux, Lestrade & Gabrié à s'occuper particulièrement de ces Eaux. Ils ont examiné celles de la grande cascade & celles d'une source du crater même. Ces Eaux examinées par l'appareil pneumato-chimique n'ont donné que de l'air atmosphérique, celle même dans laquelle on avoit soupçonné le fer dissous par l'acide crayeux.

Analyse par les réactifs de la source dite du Thermomètre.

RÉACTIFS.	PRODUITS.
Savon.	Il s'y est bien dissous.
Alkali fixe.	Précipité ocreux.
Eau de chaux.	Précipité jaune léger.
Dissolution de plomb.	N'a presque rien précipité.
Sirop de violette.	Verdit sensiblement.
Noix de galle.	Précipité noir abondant.
Alkali Prussien.	Précipité bleu.
Eau de chaux Prussienne.	Précipité bleu.
Dissolution d'argent.	Léger précipité blanc.
Dissolution de mercure.	Précipité jaune.
Acide du sucre.	N'a rien précipité.

Analyse par évaporation.

Seize livres d'Eau évaporées au bain-marie ont donné un résidu de 160 grains, ce qui revient à 20 grains par pinte. Une seconde évaporation faite pour distinguer les différentes substances a laissé précipiter, porté à l'ébulition, une chaux martiale. L'évaporation continuée, il s'est formé une pellicule blanchâtre, qui se précipitoit à mesure. L'Eau, à ce degré de rapprochement, grumeloit la dissolution de savon. Cette propriété jointe à d'autres, a démontré que le dépôt pesant 52 grains, étoit de la sélénite. L'évaporation poussée à siccité, a produit un résidu blanc pesant 108 grains, que l'on a reconnu pour être de l'alun assez pur.

L'Eau, pendant son évaporation, n'a cessé de donner par les réactifs des signes de la présence du fer, ce qui joint au dépôt ocreux pesant 6 grains du premier produit, démontre que le fer s'y trouve dans l'état de mars crayeux & dans l'état de vitriol.

D'après l'analyse, il entre dans chaque pinte d'Eau 3/4 de grain de fer, 6 grains 1/2 de sélénite, 12 grains d'alun & environ un grain de vitriol de mars.

Analyse des Eaux de la grande Cascade.

RÉACTIFS.	PRODUITS.
Savon.	Il s'y est bien dissous.
Alkali fixe.	Léger précipité ocreux.
Sirop violat.	N'a point changé de couleur.
Noix de galle.	Très-léger précipité noir.
Eau de chaux Prussienne.	N'a rien précipité.
Dissolution d'argent.	Precipité blanc.
Dissolution de mercure.	Précipité jaune.
Acide du sucre.	N'a rien précipité.
Eau de chaux.	Très-léger précipité.

Analyse par évaporation.

Seize livres d'Eau traitées comme la précédente, n'ont donné que 130 grains de résidu, dont 69 grains de sélénite & 60 grains d'alun. Le vitrol de mars s'y est fait reconnoître comme dans la source du Thermomètre, mais en plus petite quantité.

Analyse par les réactifs de l'Eau de la source à 42 degrés.

Noix de galle.	N'a rien précipité.
Sirop violat.	N'a point changé de couleur.
Alkali fixe.	Très-léger précipité blanc.
Eau de chaux.	Précipité blanc.
Dissolution de Plomb.	Léger précipité.
Eaux de chaux Prussienne.	N'a rien précipité.
Dissolution d'argent.	Précipité blanc.
Dissolution de mercure.	Précipité jaune abondant.
Acide du sucre.	N'a rien précipité.

Analyse par évaporation.

Seize livres d'Eau ont donné 90 grains de résidu, ce qui revient à 11 grains 1/2 par pinte. Cette Eau est conséquemment moins chargée de principes que les deux dernières.

Une seconde évaporation chauffée audelà de la chaleur naturelle, est devenue laiteuse; réduite à un tiers & filtrée, elle a passé très-claire & a laissé sur le filtre un résidu gris pesant 42 grains. Dans cet état de rapprochement, elle a verdi un peu le sirop violat, précipité l'eau de chaux & donné une saveur lixivielle, jusqu'à la fin de l'évaporation.

La liqueur réduite à 4 onces, est restée transparente. Tirée du feu & mise à refroidir, elle a pris consistence d'une gelée, dans laquelle on a distingué quelques cristaux de sel de Glauber mal formés, mais qui ont effleuris abandonnés à l'air libre & ont donné un précipité jaune très-abondant, avec la dissolution de nitre mercuriel.

Cette gelée jetée sur le filtre avec son eau mère & ensuite lavée, a produit 14 grains d'une poudre parfaitement blanche, qui n'a point fait effervescence avec les acides, mais que l'huile de vitriol a dissoute en grande partie.

L'eau mère évaporée à siccité a produit un résidu jaunâtre, pesant 54 grains. Il s'est humecté très-rapidement après s'être refroidi, & a paru posséder tous les caractères de l'alkali fixe minéral. Il a donné quelques signes d'acide marin, par l'application de l'huile de vitriol.

Quantités des différentes substances contenues dans une pinte des Eaux de cette source à 42 degrés.

Terre calcaire.	5 grains 1/4.
Terre alumineuse	1 1/4.
Alkali de soude	3
Sel de Glauber	0 3/4
Sel de marin	0 1/2
Acide crayeux.	Elles n'en ont donné aucun signe, sorties de leur source.
Pesanteur	A peu-près égale à celle de l'eau ordinaire.
Température.	42 degrés au Thermomètre de Réaumur.

En réfléchissant sur la nature des Eaux de ces deux colonies, & sur la disposition de leur source, l'on doit être surpris qu'étant aussi peu distantes les unes des autres, elles diffèrent autant dans leurs principes, & de plus qu'elles se trouvent placées dans des lieux assez favorables pour pouvoir jouir des avantages qu'elles présentent.

Le Fort-Royal a ses Eaux thermales, gazeuses, ferrugineuses & alkalines ; le Lamentin en a de thermales-salines ; celles de Saint-Pierre au Prêcheur sont thermales-alkalines : Sainte-Lucie jouit de la même faveur dans ses Eaux thermales-sulphureuses, près du bourg de la Soufrière. Toutes ces variétés offrent l'avantage du choix, selon que le cas l'exigera. Le malade, dont la patience est ordinairement sans bornes, lorsqu'il cherche du soulagement, aura la consolation de pouvoir tenter l'usage d'une seconde & d'une troisième, lorsque la première n'aura pas réussi.

L'analyse nous a parfaitement convaincus que dans toutes ces Eaux on retrouve à peu de chose près celles d'Aix-la-Chapelle, de Bourbonne, de Spa & de la plupart de celles de Bagnieres. Il sera donc inutile d'entreprendre un voyage effrayant pour chercher une guérison d'autant plus incertaine que la fatigue du trajet aura encore aggravé la maladie.

Nous ne pouvons cependant nous empêcher de convenir qu'il y a encore beaucoup à faire pour obtenir de toutes ces Eaux tout l'avantage qu'elles promettent ; les lieux où se trouvent leurs sources ne sont pas d'un accès aussi facile qu'l seroit à desirer ; d'un autre côté, malgré leur grand rapport avec celles d'Europe que nous avons citées, elles ne laissent pas d'exiger chacune en particulier des observations sur les différens effets qu'elles pourront produire ; les Médecins du Roi ne pourront se refuser de se charger de ce soin, chacun de leur coté, pour l'établissement dont ils seront le plus voisin. Il y aura aussi la partie de l'analyse que nous sommes bien loin de croire aussi parfaite qu'elle pourroit l'être, malgré le temps & les soins que nous y avons mis : il sera donc nécessaire que la chimie s'occupe de nouveau de cet objet, tant pour corriger les erreurs qui pourroient s'être glissées dans nos observations, que pour chercher à faire une juste application des principes qu'elles contiennent à l'usage de la médecine.

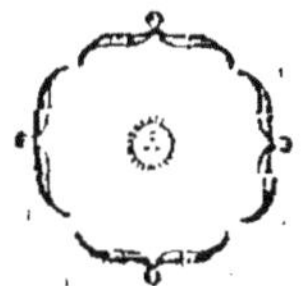

N°. XXIII.

INSTRUCTIONS

Sur l'usage de l'Eau Minérale, & des bains froids d'Harrogate, proche Philadelphie, traduites de l'Anglois de M. Rush, *par M.* Ycard, *Médecin de la Providence, Secrétaire-adjoint du Cercle des Philadelphes, & Correspondant de la Société Royale de Médecine.*

L'Eau Minérale froide d'Harrogate, contient une petite portion de fer & une grande quantité de gas hépatique, qui la rend d'un goût & d'une odeur très-désagréables. D'après cette idée générale sur les principes qui minéralisent cette Eau, M. Rush, Professeur de Chimie en l'université de Pensylvanie, a cru pouvoir devancer l'analyse exacte que se propose d'en faire la Société Philosophique de Philadelphie, & présenter un tableau des maladies au traitement desquelles est appropriée l'Eau d'Harrogate. (*Extrait d'un Essai lû à la Société, en 1773, sur les Eaux Minérales de Philadelphie, d'Abington & de Bristol, & à la sollicitation du Propriétaire de la source, qui a eu la noble générosité d'en faire don au Public.*)

Les diverses époques des sociétés ont leurs maladies particulières de même que les différens âges du corps humain. Dans l'enfance de toutes les sociétés, les maladies sont simples & en petit nombre; mais à mesure qu'elles font des progrès vers l'industrie & l'opulence qui entraînent toujours après soi les raffinemens du luxe, leurs maux se multiplient & se compliquent, de telle manière qu'il faut avoir recours à des secours plus puissants que ne peuvent l'être de simples préparations de plantes & de métaux. C'est dans la grande quantité de sources que nous offre la surface du globe qu'on a cru devoir chercher ces remèdes, & les Eaux Minérales ont été celles qui en ont présenté davantage. Ces Eaux qui ont coulé durant tant de siècles, sans attirer l'attention de nos ancêtres, ont tellement fixé la nôtre qu'elles sont aujourd'hui une des parties les plus importantes de la matière médicale.

L'Eau Minérale qui va faire le sujet de cette notice, est un excellent tonique stimulant; prise intérieurement, elle facilite la sécrétion des urines, celle de la transpiration & agit quelquefois par les selles. Voici qu'elles sont les maladies dans lesquelles il convient d'en user.

1°. L'hystérie, ce Prothée qui vexe le beau Sexe de tant de manières différentes, qui agite les systêmes nerveux & musculaires au point d'occasionner des contractions, des tiraillemens, ou autres mouvemens erronnés, & affecte, d'autres fois, l'imagination d'une manière si extraordinaire.

2°. Cette Eau produit des effets salutaires dans la paralysie, soit partielle, soit générale, quand il n'y a pas de symptômes d'une grande pléthore; & l'ancienneté de la maladie, lorsqu'il n'y a eu aucun changement remarquable dans les symptômes, n'est qu'une présomption favorable à son emploi.

3°. Elle convient dans l'épilepsie qui procède d'une affection de l'estomac ou de la matrice, comme à celle qui tient à un excès de foiblesse de la constitution.

4°. On en a retiré de grands avantages dans diverses époques de la goutte & celle sur-tout qui afflige vers le déclin de la vie ; lorsque la constitution offre nombre de preuves d'une grande foiblesse. L'affection goutteuse, au lieu d'attaquer les pieds, se manifeste alors par de débilités, des nausées d'acidités de l'estomac, & ces simptômes sont généralement accompagnés de constipations, ou de flatuosités dans les entrailles.

5°. Dans les anciennes diarrhées qui ne sont point accompagnées de celles sanguinolentes, & auxquelles sont sujets les marins de retour d'un long voyage, ou des climats chauds, l'eau d'Harrogate a produit d'excellens effets.

6°. Elle n'est pas moins avantageuse dans tous les cas d'anorexies ou pertes d'appétit, dues à un mode vicieux de l'estomac. Parmi les causes qui concourent à anéantir cette sensation, les unes agissent directement & les autres indirectement sur le viscère qui en est le siége principal. Je pourrois placer au nombre des premières, le thé, les liqueurs spiritueuses & les amers pris en trop grande quantité, ou à contre-temps, l'excès dans les alimens, des émétiques trop violens & l'usage de boissons chaudes de quelle nature qu'elles puissent être. Les causes, au contraire, qui agissent indirectement sur l'estomac, sont les passions paisibles de l'ame, telles que le chagrin, la crainte, l'amour & tout ce qui peut affoiblir ou désorganiser les autres parties du systême.

7°. L'Eau d'Harrogate est appropriée aux diverses coliques dépendantes de la foiblesse des intestins, & celles sur-tout qu'entraient un épanchement de la bile, très-fréquent chez les habitans des climats chauds.

8°. Outre les maladies dans lesquelles le systême nerveux est principalement affecté, cette Eau Minérale est encore infiniment utile dans toutes les obstructions du foie & de la rate, tant lorsqu'elles reconnoissent pour cause l'intempérance, l'épaississement des liquides, les fièvres intermittentes, que lorsqu'elles sont dues à la tuméfaction, la jaunisse ou l'hydropisie, & c'est par les selles ou les urines qu'elle résout la maladie. Ce n'est même que lorsqu'elle agit par ces deux voies qu'il est permis d'en user dans cette dernière maladie, & c'est afin de favoriser ces évacuations qu'il convient d'en user à grande dose.

9°. Cette Eau est appropriée à tous les cas de rhumatismes chroniques & rien ne pourra mieux en seconder les effets que de se faire brosser le corps en meme-temps.

10°. Elle est excellente contre les hémorrhoïdes, sur-tout lorsqu'elles affligent vers cette époque de la vie à laquelle la pléthore artérielle va le céder à l'engorgement veineux. Ce qui n'arrive guère avant l'âge de trente-six ans.

11.° Elle est d'un secours inappréciable dans toutes les obstructions & foiblesses qui affligent le Sexe le plus aimable & qui sont accompagnées de langueurs & de débilités de tout le systême.

12°. On peut la donner avec avantage à tous les enfans attaqués de vers. Elle agit, dans ce cas, comme le quinquina, la rhubarbe, l'aloès & les amers de toute espèce, d'une manière indirecte sur les vers, en donnant aux intestins le ton convenable. Entre les substances capables de les détruire directement, nous en avons peu de plus puissantes que le sucre, le miel, le sel & les fruits mûrs de l'été. Tous les enfans sont passionnés pour ces substances. L'appétit dans cet âge tendre n'ayant pas été corrompu par l'habitude ou vicié par les maladies, peut être pris plus sûrement pour la voix de la nature.

13°. L'Eau d'Harrogate convient à toutes les maladies cutanées, comme aux ulcères sordides de longue date : quelles qu'elles soient, de nature scorbutique ou écrouelleuse, on aura soin de les bassiner, deux fois le jour, avec cette Eau Minérale.

14°. Elle est utile dans les maladies des reins & de la vessie, quand l'obstacle qui s'oppose au flux des urines vient d'un relâchement ou de petits calculs dans ce viscère.

15°. On s'en est servi avec succès dans les gonorrhées rebelles, tandis que les plus puissans astringens avoient été employés en vain.

Après avoir exposé les maux que pouvoit soulager & guérir l'Eau Minérale d'Harrogate, il est de mon devoir de désigner ceux qu'elle ne feroit vraisemblablement qu'empirer.

1°. Elle nuiroit aux hypocondriaques, dont l'affection, quoique souvent jointe à l'hysterie, est pourtant d'une autre nature & exige un traitement différent. Particulière aux hommes & plus fréquente dans les climats & les saisons froides, l'hypocondriasie est toujours accompagnée d'acidités, de flatuosités, de constipations ou de dyarrhées, d'un appétit déréglé, de douleurs dans l'estomac & la poitrine immédiatement après les repas, de vomissemens, d'un afflus désordoné de salive dans la bouche, de colliques, &c. Dans cette maladie toutes les préparations ferrugineuses ont été reconnues pernicieuses, & ce qu'il y a d'un peu extraordinaire, c'est qu'un coup d'eau chaude excitera un appétit, que les amers & les aromates n'auront jamais pu réveiller.

2°. Cette Eau a été recommandée dans la phtisie pulmonaire,

mais je doute beaucoup qu'une Eau ferrugineuse ait jamais guéri une véritable consomption, que la cause en soit des abcès des tubercules ou des ulcères. Dans quelle circonstance de la vie que ce puisse être, cette Eau ne convient point lorsqu'une diathèse inflammatoire prédomine; c'est pourquoi elle seroit nuisible dans la plupart des hémorragies. Ces pertes de sang sont actives ou passives. Les premières se manifestent avant & les secondes après la trente-cinq ou trente-sixième année de la vie. C'est dans les premières que prédomine sur-tout la diathèse inflammatoire, & elle s'y fait reconnoître par l'augmentation de ton & d'action du systême artériel, comme aussi par tous les autres signes de pléthore.

C'est par une raison analogue que cette Eau martiale nuiroit dans les rhumatismes & gouttes aiguës. Cette dernière maladie a beaucoup de ressemblance avec la première relativement à son siége, aux symptômes qui la caractérisent, ainsi qu'à la méthode du traitement qui lui convient, lorsqu'elle se manifeste dans le premier période de la vie ci-dessus indiqué. Ses paroxismes acquièrent de l'intensité dans les saisons particulières aux maladies inflammatoires & sont toujours accompagnés d'un degré plus ou moins considérable d'une pareille diathèse : on est convenu de l'appeler aujourd'hui goutte tonique, pour la distinguer de celle qui afflige vers le déclin de la vie, & qui à raison de l'irrégularité de son siége, le temps de ses retours, ses simptômes, est appelée goutte anomale ou atonique.

Manière d'user de l'Eau Minérale d'Harrogate.

C'est la force de la constitution & la nature de la maladie qui doivent déterminer la quantité qu'il convient d'en boire chaque jour. Une trop grande quantité prise d'emblée a, par fois, produit de très-mauvais effets & découragé le malade, au point de le forcer à l'abandonner. Je dois prévenir contre cette manière d'agir. Il pourra se faire encore, par fois, que l'usage en étant évidemment indiqué, le malade ait besoin d'être encouragé à ne regarder ses effets douloureux dans le principe que comme un augure favorable à ceux qu'on en obtiendra, en y persévérant. La meilleure façon d'en user pour les personnes délicates, est de commencer par une demi-pinte & augmenter graduellement jusqu'à cinq ou six demi-pintes par jour. On buvoit autrefois, en débutant, une plus grande quantité de cette Eau martiale, mais l'expérience nous a convaincus qu'il suffisoit d'en avaler deux ou trois pintes, au plus, par jour, pour en obtenir les effets salutaires que nous sommes en droit d'en attendre.

L'excitement de la fièvre, une sensation de chaleur incommode dans la poitrine immédiatement après avoir pris de cette Eau, seroient des preuves assurées que le malade en auroit trop bu.

Autant que faire se peut, il faut la boire à sa source, parcequ'elle aura moins perdu de l'air qui en fait la bonté. On a dans la journée trois temps à pouvoir la prendre, savoir: le matin, à midi & dans la soirée, mais toujours avant les repas. Le malade n'omettra pas de faire suivre chaque prise de quelque exercice à pied ou à cheval, ou autre action modérée du corps. Si on veut provoquer la transpiration, il faut en user immédiatement avant de se mettre au lit. Il est des maladies auxquelles ces Eaux étant appropriées, l'estomac est néanmoins si foible qu'il n'en peut garder la moindre quantité, & la rejette par le vomissement, alors, il faut ajouter à l'Eau d'Harrogate tant soit peu d'eau de menthe ou de cannelle, ou préparer auparavant l'estomac par l'usage de quelque teinture aromatique, agréable à prendre. J'ai ouï dire à une Dame qu'ayant usé de ces Eaux pour une maladie qu'elles dissipèrent, elle n'avoit pu les garder dans l'estomac qu'autant qu'elle les buvoit dans le lit & y restoit une heure ou deux après les avoir prises.

Si cette Eau ne suffisoit pas à entretenir le ventre libre, le malade useroit à ce dessein de quelque laxatif approprié. On peut en user, durant plusieurs mois de chaque saison, mais sur-tout le printemps, l'été & l'automne. C'est une bonne méthode que d'en suspendre l'usage pendant quelques jours par intervalles, afin que l'habitude ne fasse rien perdre de leur efficacité.

Ce seroit outre-passer les bornes que nous nous sommes prescrites que de désigner le régime convenable à chacune des maladies auxquelles cette Eau est appropriée. Le malade sera très-réservé sur la quantité des alimens, & d'autant plus que cette Eau Minérale excite, par fois, un appétit qu'il seroit imprudent de satisfaire. Quatre à cinq petits repas sont préférables à un ou deux grands, pour des valétudinaires qui ne sont pas alors portés à trop manger à la fois. Dans tous les cas d'indigestion, d'acidité, de ventosités de l'estomac, le malade doit préférer une diète animale à l'usage des végétaux. Le bœuf & le mouton paroissent être, dans ces cas, d'une digestion plus facile que ce que nous appelons viandes blanches. Plus un animal est jeune, dit Madame Darconville dans son histoire de la putréfaction, plus il possède de la nature du végétal, & moins il est près de la corruption. A proportion qu'il vieillit, au contraire, il s'éloigne davantage du végétal, tend à l'alcalescence, & en devient plus susceptible de putréfaction. C'est par la force des organes de la mastication, de la digestion, &c. chez les animaux parvenus au faîte de leur accroissement, que les alimens végétaux sont complétement animalisés.

Il ne faudroit pas s'en tenir trop long-temps au régime gras. A mesure que l'estomac reprendra du ton, le malade pourra se remettre à l'usage mixte des végétaux & des viandes. Je pourrois dire des premiers ce que le Docteur Cadogan dit du lait, que c'est, en général, un signe que l'estomac les redemande quand il peut les supporter.

Dans toutes les maladies scorbutiques & cutanées, les ulcères sordides, &c. le malade ne vivra que de végétaux, pourvu que l'âge & la force de sa constitution le lui permettent. La crainte qu'un usage trop constant n'en affoiblît l'efficacité seroit peut-être la seule objection à faire contre l'usage de cette Eau à tous les repas. Madame Darconville assure avoir éprouvé que les Eaux ferrugineuses hâtent la dissolution & la putréfaction des alimens. Nous sommes forcés d'observer, d'après tout ce que nous venons de dire, que les Eaux Minérales, comme les autres médicamens, veulent être accompagnées, dans le cours des maladies chroniques, de la tempérance & de l'exercice. Un ange descendroit plutôt du ciel pour venir troubler les sources médicales que nous offre le globe, que de pouvoir obtenir quelque effet extraordinaire de leur usage seul. Il y a beaucoup de ressemblance entre le sort de la médecine & celui de la religion. Dans tous les temps & dans tous les pays de la terre, des articles de foi ou une espèce de culte, d'adoration ont remplacé les préceptes de la morale. En médecine, nous observons qu'une foule de remèdes, tels que le mercure, le quinquina, le fer, les cloportes, les baumes, la chaux, les bourgeons de pin, le gingembre, les Eaux Minérales de toute espèce, &c. ont pris la place de la tempérance & de l'exercice. La mode des premiers passera, tandis que les effets de ceux-ci, comme les obligations de la morale, dureront à jamais.

Instructions ſur l'uſage des bains froids.

Il ne me seroit pas difficile de recueillir un grand nombre de faits en faveur de l'ancienneté & de l'utilité du bain froid, & de prouver qu'il a été recommandé par les Médecins, usité par les Philosophes & chanté par les Poëtes de tous les temps ainsi que dans tous les pays de la terre, comme un objet de salubrité tout-à-la-fois & de plaisir; mais cette entreprise seroit étrangère au but que j'ai eu en vue dans cet essai.

Examinons, avant d'entrer dans des détails sur l'usage & l'utilité des bains froids d'Harrogate, quels sont les effets ordinaires du bain froid en général sur le corps humain, qu'elles sont les maladies dans lesquelles leur emploi doit être avantageux, & celles où il ne sauroit être qu'un remède inutile ou même nuisible.

Le premier effet des bains froids est 1°. d'enlever à la peau les saletés de toute espèce qui en obstruent les pores & de rendre la transpiration plus facile & plus égale.

2°. Ils facilitent par leur pression la circulation des fluides de la circonférence vers le centre d'où vient le saisissement & par-fois la difficulté de respirer, qu'on éprouve en plongeant le corps dans l'eau froide.

3°. Ils resserrent les fibres animales ; c'est pourquoi ils augmentent les forces & donnent du ton.

4°. Ils stimulent tout le systême nerveux, d'où vient qu'ils facilitent l'action des fonctions vitales, animales & naturelles.

Le premier avantage qu'on retirera des bains froids d'Harrogate sera donc de prévenir les maladies des temps chauds, en lui donnant du ton : ils rendent le systême nerveux moins sensible à l'action de la chaleur ; ils garantissent le corps des souffrances & des affections morbifiques que lui font éprouver les temps chauds. C'est pour cela que les enfans qui ont en général tant à souffrir des chaleurs de l'été, & les personnes sujettes aux fièvres ou aux affections nerveuses doivent user des bains froids dans les mois de Juin, Juillet & Août.

Ces bains seront très-utiles dans les rhumatismes & gouttes atoniques, ainsi que dans les maladies dues au relâchement des nerfs que je vais réduire aux suivantes, savoir : l'épilepsie, l'hystérie, la palpitation du cœur, l'asthme, la danse de Saint-Guí, le rachitis, la céphalalgie, la paralysie des membres, les douleurs périodiques, les coliques, la dyarrhée, les crampes, les cécités & surdités dues aux causes qui les produisent ordinairement, la rage suivie de foiblesses, la mélancolie, l'imbécillité commençante, l'affoiblissement des facultés intellectuelles, enfin le mal de mâchoire.

Les bons effets du bain froid dans cette dernière maladie viennent d'être constatés par le Docteur Wriglat, de la Jamaïque. Je poursuis :

On peut retirer de grands avantages de ces bains froids

dans les obstructions du foie & de la rate, qui suivent les fièvres automnales, lorsqu'il n'existe aucun degré d'inflammation. L'excès & le défaut des évacuations menstruelles du Sexe ont été rappelés à leur cours naturel par leur usage. Non seulement ils remédient à ces irrégularités des menstrues, mais ils éloignent encore fréquemment les obstacles qui s'opposent à la fécondité ou les causes de la stérilité & previennent les avortemens. Les charmans effets qu'ils produisent sur la beauté du Sexe me fourniroient des matériaux pour plusieurs pages, s'ils n'étoient étrangers à mon sujet.

Dans les éruptions & les maladies de la peau, de quelque nature qu'elles soient, l'application de l'eau froide, sous forme de bain, a souvent produit les effets les plus salutaires. Il ne me reste plus qu'à déterminer maintenant quelles sont les constitutions & les maladies dans lesquelles l'usage du bain froid seroit dangereux ou contraire.

1.° Il pourroit nuire aux personnes fort âgées ou aux constitutions chez lesquelles les forces radicales sont épuisées par l'intempérance ou de longues & graves maladies.

2°. Les constitutions grosses & replettes, ainsi que ceux chez lesquels la forme particulière du corps, la manière de vivre, les maladies accidentelles paroissent indiquer des dispositions à l'apoplexie & à la paralysie ne doivent user du bain froid qu'avec les plus grandes précautions, & jamais sans avoir fait précéder des purgatifs ou des saignées proportionnés à leur situation actuelle.

3°. Ces bains ne sauroient convenir à la pléthore des poumons, indiquée par la douleur, la difficulté de respirer, le crachement de sang. Il est rare qu'on en ait retiré le moindre avantage dans les cas de consomption. Il nous reste à déterminer maintenant par des expériences hardies & des observations exactes jusqu'où pourroit être utile dans la consomption des poumons la combinaison du bain froid avec les plus puissans sudorifiques.

Du temps & de la manière d'user du bain froid.

Le temps le plus propice à user du bain froid est le matin à jeûn. Une courte promenade ou quelque autre exercice modéré, sont par-fois nécessaires pour préparer le corps à l'action de l'eau froide, sur-tout vers le milieu de l'été, lorsque la chaleur de l'atmosphère, accrue par celle que fait naître un lit de plume dans un appartement fermé durant toute la nuit, augmente si fort le relâchement, ou provoque des sueurs qui ne proviennent que de foiblesses. Il faut plonger en même temps tout le corps dans l'eau froide, sans en exempter la tête. je sais qu'on va m'objecter les inconvéniens d'avoir les cheveux mouillés, mais le malade pourra les éviter s'il veut prendre le soin, avant d'entrer dans le bain, de se couvrir la tête avec une toile huilée ou une vessie en guise de bonnet. Il suffira, pour lors, qu'il reste plongé dans l'eau froide durant l'espace de deux ou trois minutes.

Lorsque le malade éprouve des frissons ou des douleurs à la tête ou dans la poitrine qu'il ne sauroit attribuer à la chaleur de l'atmosphère ni à l'exercice qu'il seroit à faire, c'est toujours une preuve assurée qu'il s'est plongé mal-à-propos dans le bain, ou qu'il y a resté trop long-temps, tandis qu'au contraire c'est une marque certaine des bons effets qu'il obtiendra du bain froid s'il éprouve, en sortant de l'eau, la prompte expansion d'une douce chaleur sur tout le corps & qu'un agréable bien-être de l'ame accompagne cette sensation du physique.

On ne pourra qu'augmenter l'efficacité du bain si immédiatament après en être sorti on a soin de se faire brosser le corps avec une brosse, une pièce de flanelle ou du drap grossier, durant l'espace d'un quart-d'heure ou d'une demi-heure au plus, & dès qu'on est habillé, il convient de consacrer l'espace d'environ une heure à quelque exercice modéré, à pied, à cheval ou en voiture, relatif au degré de force ou à la nature de la maladie dont on est affligé.

Ceux qui n'usent des bains que comme préservatif doivent s'en tenir à deux ou trois par semaine ; mais lorsqu'on les prend pour rétablir la santé on peut en user tous les jours dans la plupart des maladies, & il en est même d'une nature plus opiniâtre ou d'une plus longue durée dans lesquelles il convient de se baigner soir & matin. Il est nécessaire d'ajouter ici que ceux qui plongent le corps dans le bain, deux fois le jour, ne doivent pas y entrer trop tôt après le dîner & pas assez tard pour ne pouvoir faire immédiatement après l'exercice que nous avons tant recommandé.

Les ondées ou douches n'ont été inventées que pour suppléer au bain & favoriser le foible & l'indolent. Je ne les désaprouve pas ; je pense, au contraire, qu'on peut en retirer de grands avantages dans les cas de foiblesse considérable qui ne permettroit pas de plonger le malade dans l'eau, & qu'on doit toujours leur donner la préférence lorsqu'on n'a qu'une issue douteuse à pouvoir espérer du bain. Peut-être encore que dans plusieurs circonstances où le choc qui peut avoir lieu entre le poids & la froideur de l'eau inspireroit au malade de l'effroi, l'esprit & le corps pourroient y être avantageusement préparés par quelques douches.

Fin du premier volume

TABLE DES MATIÈRES

Contenues dans ce Volume.

Fin de la table des Matières.

ERRATA.

Page.	Li.	Au lieu de	Lisez
10	17	Munitieux.	Minutieux.
17	3	On en sortoit avec peine.	On en sortoit avec répugnance.
44	10	Hiene.	Henne.
45	30	Ajoutez.	Traditition populaire, reconnue fausse depuis.
53	11	Après principe.	*Ajoutez* qui.
50	2	Renouveau de la lune. .	Renouvellement de la lune.
48	17	Après je lui faisois. . . .	Ensuite je lui faisois.
55	26	Enfin huit jours après l'écoulementgonorrhéique.	Qui suivit, l'écoulement gonorhérique eut diminué des trois quarts.
56	5	Vertige.	Vestige.
Ibid	Ib.	Tympanité.	Tympanite
60	29	Selectur.	Selectar.
61	2	Qui, à sa source.	Qui a sa source.
66	25	Rats de marée.	Raz-de-marée.
Ibid	Ib.	Raréfraction.	Raréfaction.
68	20	Poinciade épineuse. . . .	Bois de Brésil, ou fernambuc.
69	6	Helietères	Helictères.
Ibid	9	Tournefortia.	*Ajoutez*, espèce nouvelle.
74	8	Au 39 1/2.	Au 42e.
77	28	Bouche, ...	Bouche. Que quoique.
78	23	Dillen. Conferva.	Dillen. Conferva.
Ibid	24	Limo innascent Ray. . .	Innascens, Ray D.
Ibid	27	Partie 11e.	Partie 2e.
79	1	Gelatinosa retic.	Gelatinosa reticulata substantiâ (vesiculosâ.
Ibid	15	Végétant.	Végétent.
83	21	Après la ligne.	*Ajoutez*: je me suis depuis assuré que cette Eau ne contient point de fer.
93	5	Du marin.	Du sel marin.
Ibid	9	& une si petite &c. . .	effacez jusqu'à 9°.
97	14	Une hatte.	Une hutte.
100	19	Rouvolfia.	Rauvolfia.
Ibid	10	Port-à-Piment.	Port-de-Paix.

Page	Li.	Au lieu de	Lisez.
122	19	Attaqué d'une pyurie. . .	D'une Dysurie.
129	22	Lanupis.	L'amyris.
136	2	Pyarie.	Pyurie.
Ibid	14	Hypontiques.	Hypnotiques.
140	19	La clavicude.	La clavicule.
Ibid	24	Bordeaux.	Bordeu.
142	2	Aise.	Cuve.
Ibid	18	L'œmophegmatique. . . .	Leucophlégmatique.
144	19	A sept à huit.	A sept ou huit.
145	5	*Ajoutez*.	Par M. Gauché.
Ibid	8	Deux lieues.	Douze lieues.
148	19	René de Bras.	René de Bas.
151	15	De grane.	De grasse.
Ibid	19	De Bras	De Bas.
159	18	*Effacez* ou.	
Ibid	24	Coureuse.	Couresse.
Ibid	Ib.	Visanneau.	Vivanneau.
160	28	La mage.	La rage.
161	7	Le mantance.	Le manteau ducal.
Ibid	9	Tincloria.	Tinctoria.
163	4	Feri.	Flos ferri.
Ibid	27	Degrés sur.	15 degrés. Sur mon.
164	11	Les matins entre onze. .	Les matins ; entre onze.
165	15	Aubez.	Auber.
180	8	D'Irlande.	D'islande.
185	18	Grange.	Grande.
187	4	Précipitamment.	Précisément.
189	8	Rouillées.	Roulées.
Ibid	20	Toute mine.	Tout, mine.
190	11	Dicend.	Décand.
Ibid	23	Rixa orellana.	Bixa Orellana.
196	7	Les saliniers.	Les sauniers.
241	12	Glaire.	Glaise.
247	26	Elle a pris consistence. .	Elle a pris la consistance.
252	6	Se compliquent, de telle manière.	Se compliquent de telle manière.
253	22	De celles.	De selles.
Ibid	27	Coup d'eau.	Verrée d'eau.

Il y a quelques autres fautes de Copiste, que le Lecteur remarquera aisément, telles que page 229, au lieu de N°. XIX, *lisez* N°. XX, &c.

www.ingramcontent.com/pod-product-compliance
Ingram Content Group UK Ltd.
Pitfield, Milton Keynes, MK11 3LW, UK
UKHW022051260726
13993UKWH00001B/39